구원의 잔을 들고
(영혼의 양식)

구원의 잔을 들고

(영혼의 양식)

저자 **송 순 자** 목사

도서출판 조은

인사말

이 책이 세상 밖으로 나오기까지 하나님의 구원의 핵심과 목적이 되시는 그리스도에 대한 말씀을 기록하였으며 저는 예수 그리스도로 말미암아 그리스도의 지혜와 계시의 정신을 받아 하나님을 만나게 되었습니다.

그러므로 율법의 마침이 되었고 율법이 이루어짐으로 사람의 종이 아니라 예수 그리스도의 종이 되어 그리스도에 대한 복음을 전할 수 있도록 은혜와 사랑을 베풀어주신 하나님 아버지께 무한 감사와 찬송과 영광을 돌립니다.

이 책을 읽음으로 육신에 속한 사람은 신령한 영에 속한 사람으로 변화되는 자신의 모습을 볼 수 있을 것입니다.

2002년도에 생명나무와 선악과나무라는 제목의 책을 초판으로 출판되었으며 또 다시 하나님의 뜻을 따라 더 높은 믿음의 차원에서 2018년 8월에 재판을 출판하게 되었습니다.

25년동안 목회 활동하는 동안 끊임없이 버팀목이 되어준 남편(한상호) 장로님과 보배로운 그리스도 믿음 안에 있는 딸(유선)과 진실되고 착한 아들(승훈)과 성도님들께 언제나 고맙게 생각합니다.

특히 저는 찬송가 및 복음성가의 작사가로써 일할 수 있도록 도와주신 한국찬송가연구위원회 대표이사님으로 수고하시는 전병구 대표님을 만나게 해주신 하나님 아버지께 감사를 드립니다.

끝으로 이 책을 읽어주신 모든 분들께 하나님의 은혜와 사랑과 평안이 넘쳐나시길 기도드립니다.

감사합니다.

저자 송순자 목사

머릿말

성령의 감동으로 성경에 기록된 하나님의 모든

말씀은 예수 그리스도로 말미암아 그리스도에 대하여 알게 하시며 하나님을 만나게 하시는 말씀입니다.

그리스도는 하나님의 뜻과 목적을 이루시는 데 반듯이 함께하셔야 할 진리의 성령입니다.

진리의 성령은 율법의 완성인 사랑을 이루어지게 하는 하나님의 영입니다.

*** 만일 너희 속에 하나님의 영이 거하시면 너희가 육신에 있지 아니하고 영에 있나니 누구든지 그리스도의 영이 없으면 그리스도의 사람이 아니라**(롬 8:9절).

그러므로 하나님의 뜻과 목적이 이루어지기 위해서는 있어야 할 영이 있어야 할 곳에 있어야 합니다.

*** 하나님의 말씀은 살았고 운동력있어 좌우에 날선 어떤 검보다도 예리하여 혼과 영과 및 관절과 골수를 찔러 쪼개기까지 하며 또 마음의 생각과 뜻을 감찰하나니 지으신 것이 하나라도 그 앞에 나타나지 않음이 없고 오직 만물이 우리를 상관하시는 자의 눈앞에 벌거벗은 것 같이 드러나느니라**(히 4:12절).

*** 항상 기뻐하라 쉬지 말고 기도하라 범사에 감사하라 이는 너희를 향하신 하나님의 뜻이니라**(살전 5:16~18절).

*** 영생은 곧 유일하신 참 하나님과 그의 보내신 자 예수 그리스도를 아는 것이니라**(요 17:3절).

할렐루야 아–멘

차례

1

태초에(그리스도 안에)

창세기 첫장 첫째줄 첫번째 나오는 말씀의 "태초"란 히브리어로 레쉬트라 읽습니다.
요한복음 첫장 첫째줄 첫번째 나오는 말씀의 "태초"란 헬라어로 아르케라 읽습니다.
창세기의 레쉬트와 요한복음의 아르케의 태초의 뜻은?
원어사전을 보면 근본, 시작, 생명, 머리, 왕 등입니다.

* **창세기 1:1절 태초에 하나님이 천지를 창조하시니라.**

* **요한복음 1:1절 태초에 말씀이 계시니라.**

"태초"란 구원에 주체와 핵심이 되시는 그리스도를 말씀하고 있습니다.
영혼의 근본은 그리스도입니다.
영혼의 시작은 그리스도입니다.
영혼의 생명은 그리스도입니다.

영혼의 머리는 그리스도입니다.

* **각 남자의 머리는 그리스도요 여자의 머리는 남자요 그리스도의 머리는 하나님이시니라**(고전 11:3절).
* **머리를 붙들지 아니하는지라**(골 2:19절).
* **예수께서 이르시되 인자는 머리 둘 곳이 없다 하시더라**(마 8:20절하).

인자는 머리 둘 곳이 없다? 머리가 되신 그리스도에 대한 말씀을 예수 그리스도께서 하실 때 믿고 화답할 사람이 없다라는 뜻입니다.

그리스도는 죄에서 구원하는 주체요 핵심이시며 하나님을 만나는 통로입니다.

그러므로 예수 그리스도를 알아야 그리스도에 대한 말씀을 듣고 하나님을 만나게 되며 큰 구원을 받을 수 있습니다.

* **그는 머리니 곧 그리스도라**(엡 4:15절).
* **그리스도 안에는 하나님의 모든 지혜와 지식의 보화가 감추어 있느니라**(골 2:3절).
* **그리스도를 믿음으로서 의롭다 함을 얻으려 함이라**(갈 2:16절중).
* **그리스도의 영이 없으면 그리스도의 사람이 아니라**(롬 8:9하).
* **그리스도는 하나님의 능력이요 지혜니라**(고전 1:24하).
* **너희는 그리스도의 것이요 그리스도는 하나님의 것이니라**(고전 3:23).

* **오직 그리스도는 만유요 만유 안에 계시니라**(골 3:11하).
* **허물로 죽은 우리를 그리스도와 함께 살리셨고**(엡 2:5절).
* **그리스도의 날에 나로 자랑할 것이 있게 하려 함이라**(빌 2:16절하).
* **그리스도의 피로 가까워졌느니라**(엡 2:13절하).
* **믿음으로 말미암아 그리스도께서 너희 마음에 계시게 하옵시고**(엡 3:17절).
* **내가 너희에게 나갈 때에 그리스도의 충만한 축복을 가지고 갈 줄을 아노라**(롬 15:29).

예수 그리스도로 말미암아 그리스도께서 마음 안에 나타나시면 우리는 그리스도의 영광을 보게 됩니다.

창세기 1:2절 말씀과 같이 땅이 혼돈하고 공허하며 흑암이 깊음 위에 있는 자들에게 그리스도께서 임하시면 생명과 성령의 법이 죄와 사망의 법에서 해방되어 자유를 얻게 됩니다.

그러므로 그리스도로 말미암아 율법이 마침이 되고 그리스도로 말미암아 율법의 완성인 사랑이 이루어짐으로 영으로는 하나님처럼 살게 됩니다.

* **영으로는 하나님처럼 살게 하려 함이니라**(벧전 4:6절하).
* **그리스도는 모든 믿는 자에게 의를 이루기 위하여 율법의 마침이 되시니라**(롬 10:4절).

우리의 영적 생활에서 기도/ 믿음/ 구원/ 부활 / 승천/ 생명/ 영생 /영광/ 사랑 등 하나님의 모든 말씀은 그리스도 없이는 한 말씀이라도 이루어질 수 없습니다.

그리스도는 구원에 주체이시며 사랑이 이루어지도록 역사하시는 영입니다
그러므로 그리스도를 만나야 죽었던 영혼이 살아날 수 있습니다.
그리스도를 만날 수 있는 방법은 곧 죽었다가 다시 살아난 예수 그리스도를 아는 일입니다.

> * **영생은 곧 유일하신 참 하나님과 그의 보내신 자 예수 그리스도를 아는 것이니라**(요 17:3절).

예수 그리스도는 그의 나라와 그의 의를 구하고 찾고 두드리는 사람에게만 나타납니다.
그러므로 구하라 찾아라 두드리라는 말씀입니다.
하나님은 신령하신 영이지만 누구에게나 인격적으로 대하시기 때문에 억지로 행하시지 않으십니다.

> * **우리가 이것을 말하거니와 사람의 지혜의 가르친 말로 아니하고 오직 성령의 가르치신 것으로 하니 신령한 일은 신령한 것으로 분별하느니라 육에 속한 사람은 하나님의 성령을 받지 아니하나니 저희에게는 미련하게 보임이요 또 깨닫지도 못하나니 이런 일은 영적으로라야 분변 함이니라.**
> **신령한 자는 모든 것을 판단하나 자기는 아무에게도 판단을 받지 아니하느니라 누가 주의 마음을 알아서 주를 가르치겠느냐 그러나 우리가 그리스도의 마음을 가졌느니라**(고전 2:13~16절).

그러므로 십자가에 달려 죽었다가 삼일 만에 다시 살아나 부활

하신 예수 그리스도는 구원과 사랑을 이루시는데 가장 중요한 임무를 맡고 그리스도와 함께 하나님께로부터 보내심을 받은 분입니다.

그러므로 사랑이 없으면 내가 아무 것도 아니요 아무 유익이 없습니다.

* **내가 사람의 방언과 천사의 말을 할지라도 사랑이 없으면 소리나는 구리와 울리는 꽹과리가 되고 내가 예언하는 능이 있어 모든 비밀과 모든 지식을 알고 산을 옮길 만한 모든 믿음이 있을지라도 사랑이 없으면 내가 아무 것도 아니요 내가 내게 있는 모든 것으로 구제하고 또 내 몸을 불사르게 내어 줄지라도 사랑이 없으면 내게 아무 유익이 없느니라**(고전 13:1~3절).

* **사랑은 율법의 완성이니라**(롬 13:10절하).

하나님의 사랑이 없는 사람이라면 하나님과 관계없는 육신에 속한 자요 빛을 받지 못한 어두운 사람입니다.

근본 사람은 어두움 안에 살아온 죄인이었으나 때가 차매 빛을 받음으로 그의 의를 깨닫고 하나님의 백성이 됩니다.

하나님은 빛이요 말씀이요 사랑입니다.

* **빛이 어두움에 비취되 어두움이 깨닫지 못하더라**(요 1:5절).

* **그 빛이 하나님 보시기에 좋았더라 하나님이 빛과 어두움을 나누사**(창 1:4절).

믿음의 사람들이 입술로는 하나님의 사랑이란 말을 많이 하지만 실상으로 사랑이 이루어진 사람은 적습니다.

* **청함을 받은 자는 많되 택함을 입은 자는 적으니라**(마 22:14절)..
* **멸망으로 인도하는 문은 크고 그 길이 넓어 그리로 들어가는 자가 많고 생명으로 인도하는 문은 좁고 길이 협착하여 찾는 이가 적음이니라**(마 7:13~14절)..
* **번개가 동에서 나서 서편까지 번쩍임 같이 인자의 임함도 그러하리라**(마 24:27절).

인자가 오실 때에는 그리스도와 함께 오십니다.

인자는 하나님의 아들 독생자 예수 그리스도입니다.

예수 그리스도로 말미암아 그리스도의 말씀을 들을 때 번개가 번쩍하듯이 깨닫는 순간 그리스도의 믿음을 갖게 됩니다.

그리스도는 예수께서 십자가에 달려 돌아가시고 삼일 만에 다시 살아나신 예수 그리스도와 함께 오신 다른 보혜사 곧 진리의 성령입니다.

진리의 성령은 예수께서 십자가에 달려 죽었다가 삼일 만에 다시 살아나도록 도우신 하나님의 영입니다.

곧 죽은 예수가 삼일만에 그리스도와 함께 살아나 예수 그리스도가 되어 나타나신 분입니다.

* **내가 아버지께 구하겠으니 그가 또 다른 보혜사를 너희에게 주사 영원토록 너희와 함께 있게 하시리니 저는 진리의 영이라 세상은 능히 저를 받지 못하나니 이는 저를 보지도 못하고 알지도 못함이라 그러나 너희**

는 저를 아나니 저는 너희와 함께 거하심이요 또 너희 속에 계시겠음이라(요 14:16~17절).

* **그러하나 진리의 성령이 오시면 그가 너희를 모든 진리 가운데로 인도 하시리니**(요 16:13절).

우리가 믿음생활을 할 때 처음에는 산영을 받고 은혜를 받아 예수님을 따르다가 마지막에는 죽었다가 다시 살아나신 예수 그리스도로 말미암아 살려주는 영을 받고 그리스도 안에서 거룩하고 완전한 신령한 백성이 되어져 가는 것입니다.

* **그러므로 먼저는 신령한 자가 아니요 육 있는 자요 그 다음에 신령한 자니라**(고전 15:46절).

먼저 오신 예수님은 신령한 말씀을 하시지 않고 비유의 말씀을 하심으로 반듯이 십자가에 달려 죽어야 할 분입니다.

그러나 그 다음에 오신 예수 그리스도는 죽었다가 다시 삼일 만에 살아나 실상으로 이루어지는 그리스도에 대한 말씀을 하시어 율법의 요구의 완성인 사랑이 이루어지도록 인도하시는 분입니다.

그러므로 죽은 예수님 다음으로 살아나 부활하신 예수 그리스도를 만남으로 끝까지 견디는 자는 큰 구원을 받고 하나님께 모든 말씀을 유업으로 상속받게 됩니다.

* **율법 안에서 의롭다 함을 얻으려 하는 너희는 그리스도에게서 끊어지고 은혜에서 떨어진 자로다**(갈 5:4절).

그러므로 율법을 지키며 의롭다 함을 얻으려 하지 말고 율법 외에 하나님의 한 의로 나타나신 그리스도로 말미암아 의롭다 함을 얻어야 할 것입니다.

* **사람이 의롭게 되는 것은 율법의 행위에서 난 것이 아니요 오직 예수 그리스도를 믿음으로 말미암는 줄 아는 고로 우리도 그리스도 예수를 믿나니 이는 우리가 율법의 행위에서 아니고 그리스도를 믿음으로서 의롭다 함을 얻으려 함이라**(갈 2:16절).
* **멜기세댁은 의의 왕이요 살렘 왕이요 곧 평강의 왕이니라**(히 7:2절하).

아브람은 의의 왕이요 살렘왕이요 곧 평강의 왕이 되신 멜기세댁을 만남으로 믿음의 조상 아브라함이 되었으며 멜기세댁과 같이 의의 왕이요 살렘왕 곧 평강의 왕이 되었습니다.

* **내가 너와 내 언약을 세우니 너는 열국의 아비가 될찌라 이제 후로는 네 이름을 아브람이라 하지 아니하고 아브라함이라 하리니 이는 내가 너로 열국의 아비가 되게 함이니라**(창 17:4~5절).

하나님은 아브람에게 아브라함이라는 새 이름을 받게 하시려고 아브람에게 장해가 되었던 본토 친척 아비 집을 떠나라 말씀하셨습니다.

만약 육신에 속하였던 아브람이 하나님의 말씀에 순종하지 않고 본토 친척 아비 집을 떠나지 않았다면 그는 영에 속한 신령한 아브라함이 될 수 없었습니다.

아브람이 떠나야 할 본토 친척 아비 집은 하나님보다 더 자신을 사랑하고 의지하였던 환경과 조건들입니다.

오늘도 많은 사람들이 본토 친척 아비 집을 떠나지 못한 채 하나님을 섬기기 때문에 아브라함이 되지 못하며 또 그리스도의 믿음을 갖지 못하는 것입니다.

본토 : 율법을 지키는 말씀입니다.

율법은 지키는 말씀이 아니라 의로 말미암아 이루어지는 말씀입니다.

* **내가 가진 의는 율법에서 난 것이 아니요 오직 그리스도를 믿음으로 말미암은 것이니 곧 믿음으로 하나님께로부터 난 의라**(빌 3:9절).

친척 : 육신에 생각으로 하나님을 섬기는 믿음입니다.

* **육신에 생각은 사망이요 하나님과 원수가 되나니**(롬 8:6절상~7절상).

아비 집 : 율법을 지키도록 가리키는 거짓목자입니다.

* **땅에 있는 자를 아비라 하지 말라**(마 23:9절).

땅에 있는 아비는 신령한 목자가 아니라 육신에 속한 목자입니다.

사울도 바울이라는 이름을 얻기 위하여 자기가 사랑하던 본토 친척 아비 집을 분토와 같이 배설물로 여겼습니다.

사도바울은 세상에서 그리스도를 얻는 것이 가장 고상한 일이라는 의에 한 법을 깨달았습니다.

* **그러나 무엇이든지 내게 유익하던 것을 내가 그리스도를 위하여 다 해로 여길뿐더러 또한 모든 것을 해로 여김은 내 주 그리스도 예수를 아는 지식이 가장 고상함을 인함이라 내가 그를 위하여 모든 것을 잃어버리고 배설물로 여김은 그리스도를 얻고**(빌 3:7~8절).

오늘날 믿음으로 사는 우리도 예수 그리스도로 말미암아 그리스도의 믿음을 가지고 의의 왕이요 살렘 왕이요 곧 평강의 왕이 되어 복음을 전파하여야 합니다.

* **저희가 세세토록 왕 노릇 하리로다**(계 22:5절하).

그러므로 신앙생활에 있어 비유로 말씀하신 예수님의 가르치심과 실상을 말씀하신 예수 그리스도의 가르치심을 분별하고 본을 받아야 합니다.

예수님의 비유의 말씀을 들은 믿음은 초보적인 어린아이와 같은 육신에 속한 믿음이지만 예수 그리스도로 말미암아 실상의 말씀을 들은 믿음은 장성한 자의 영에 속한 신령한 믿음입니다.

육신적인 믿음은 영적인 믿음이 올 때에 분토와 같이 버려야 합니다.

곧 애급에서 시작하여 홍해를 건너 광야까지 온 믿음은 육신에 속한 믿음이기 때문에 요단강을 건너 젖과 꿀이 넘치는 약속의 가나안 땅에 들어갈 때는 영에 속한 믿음을 갖기 위하여 분토와 같이 버려야 할 믿음입니다.

* **내가 어렸을 때에는 말하는 것이 어린아이와 같고 생각하는 것이 어린아이와 같다가 장성한 사람이 되어서는 어린아이의 일을 버렸노라**(고전 13:11절).

요단강을 건너 하나님의 약속의 땅 곧 젖과 꿀이 넘치는 가나안 땅까지 들어간 믿음은 영원히 함께할 그리스도의 믿음입니다.

곧 살아 있는 그리스도의 믿음을 얻기 위하여 어린아이와 같은 죽은 믿음은 버려야 한다는 말씀입니다.

그리스도는? 예수님이 십자가에 달려 돌아가신 뒤 삼일 만에 다시 살아나 부활하신 예수 그리스도와 함께하는 하나님의 약속의 말씀으로 오신 진리의 성령입니다.

> * **만일 너희 속에 하나님의 영이 거하시면 너희가 육신에 있지 아니하고 영에 있나니 누구든지 그리스도의 영이 없으면 그리스도의 사람이 아니라 또 그리스도께서 너희 안에 계시면 몸은 죄로 인하여 죽은 것이나 영은 의를 인하여 산 것이니라**(롬 8:9~10절).

예수께서 말씀하신 비유의 말씀은 예수 그리스도께서 말씀하신 실상의 말씀의 모형이요 그림자입니다.
그러므로 모형과 그림자는 실상이 나타나면 사라집니다.
곧 어두움은 빛이 나타나면 사라짐과 같습니다.

> * **만일 여호수아(히브리어=예수아)가 저희에게 안식을 주었더면 그 후에 다른 날을 말씀하지 아니하셨으리라**(히 4:8절).

다른 날이라 함? 예수께서 십자가에 달려 죽고 다시 살아나 부활하여 나타나신 예수 그리스도에 대한 말씀입니다.
예수님은 비유의 말씀을 하셨기 때문에 안식을 줄 수 없음으로 반듯이 십자가에 달려 죽어야 할 분입니다.
그리고 안식을 줄 수 있는 분은 죽었다가 삼일 만에 다시 살아나셔서 실상을 말씀하신 예수 그리스도입니다.

> * **내가 진실로 진실로 너희에게 이르노니 나를 믿는 자는 나의 하는 일을 저도 할 것이요 또한 이보다 큰 것**

도 하리니 이는 내가 아버지께로 감이니라(요 14:12절).

나의 하는 일을 저도 할 것이요? 예수님과 같이 비유의 말씀을 우리도 할 수 있다는 뜻입니다.

또 이보다 더 큰 것도 할 것이요? 예수 그리스도와 같이 실상의 말씀을 우리도 할 수 있다는 뜻입니다.

곧 비유의 말씀을 전파하는 일보다 더 큰 일을 전파하는 일은 예수 그리스도와 같이 실상을 말씀하는 일입니다.

그러므로 비유로 말씀하셨다가 떠나실 예수께 받은 은혜의 믿음에만 머물러 있지 말고 영원토록 임마누엘 하실 예수 그리스도께 받은 그리스도의 믿음을 가져야 합니다.

* **그러하나 내가 너희에게 실상을 말하니 내가 떠나는 것이 너희에게 유익이라 내가 떠나가지 아니하면 보혜사가 너희에게로 오시지 아니할 것이요 가면 내가 그를 너희에게 보내리니**(요 16:7절중).

* **믿음은 바라는 것들의 실상이요 보지 못하는 것들의 증거니**(히 11:1절).

하나님께서 원하시는 믿음은 육신에 눈으로 보이는 기적과 표적을 나타낸 믿음이 아니라 신령한 눈으로만 볼 수 있는 부활의 표적인 그리스도의 믿음입니다.

육신의 눈으로 볼 수 있는 기적과 표적은 비유의 말씀을 할 때 나타납니다.

그러나 영에 눈으로 볼 수 있는 부활의 표적은 실상을 말씀하실 때 나타납니다.

* **오직 의인은 믿음으로 말미암아 살리라**(롬 1:17절).

의인이 가진 믿음은 실상으로 이루어진 그리스도의 믿음입니다.

* **그러므로 말씀에 관하여는 우리가 들은 바요 눈으로 본 바요 주목하고 우리 손으로 만진 바라**(요일 1:1절).

예수께서 십자가에 달려 죽지 않았으면 예수 그리스도께서 부활하여 나타나실 수 없습니다.

그러므로 믿음의 사람들은 예수와 함께 죽고 예수 그리스도와 함께 살아나 그리스도 안에 있어야 합니다.

그리스도 안에 있는 것이 곧 홍수로 멸망하지 않고 방주 안에 있는 것입니다.

* **그런즉 누구든지 그리스도 안에 있으면 새로운 피조물이라 이전 것은 지나갔으니 보라 새 것이 되었도다**(고후 5:17절).

이전 것 : 죄와 사망의 법 안에 갇혀 있는 자.

새 것 : 생명의 성령의 법이 죄와 사망의 법에서 해방된 자.

* **이는 그리스도 예수 안에 있는 생명의 성령의 법이 죄와 사망의 법에서 너를 해방하였음이라**(롬 8:2절).

그리스도는 하나님의 말씀 속에 비밀로 감춰져 있습니다.

* **이르시되 하나님의 나라에 비밀을 너희에게는 주었으나 외인에게는 모든 것을 비유로 하나니**(막 4:11절).
* **사람이 마땅히 우리를 그리스도의 일군이요 하나님의 비밀을 맡은 자로 여길지어다**(고전 4:1절).
* **이것을 읽으면 그리스도의 비밀을 내가 깨달은 것을**

너희가 알 수 있으리라(3:4절).

* **하나님의 비밀인 그리스도를 깨닫게 하려 함이라**(골 2:2절하).

* **그리스도의 비밀을 말하게 하시기를 구하라**(골 4:3절).

* **보라 내가 너희에게 비밀을 말하노라**(고전 15:51절).

* **그 뜻의 비밀을 우리에게 알리셨으니**(엡 1:9절).

* **이 비밀이 크도다**(엡 5:32절).

성령의 감동으로 쓴 성경책에 기록된 하나님의 모든 말씀은 그리스도와 다 연결되어 있습니다.

사도바울이 눈에서 비듬이 떨어진 것도 예수 그리스도를 만남으로 그리스도에 대한 말씀을 들었을 때입니다.

오늘도 눈에 비듬이 있는 상태에서 성경을 보는 자는 소경이요 눈에 비듬이 떨어진 상태에서 성경을 보는 자는 소경의 눈이 열린 자입니다.

* **만군의 여호와가 이르노라 너희가 눈먼 희생으로 드리는 것이 어찌 악하지 아니하며 저는 것 병든 것으로 드리는 것이 어찌 악하지 아니하냐**(말 1:8절).

기독교는 체험의 종교입니다.

소경이 눈이 떠지고 귀먹어리가 귀가 열리는 체험이 없었다면 하나님에 대하여 말할 수 없습니다.

그러므로 믿음의 사람들은 두 가지의 일을 행할 수 있어야 합니다.

첫째 : 예수님의 기적과 표적을 체험하여야 합니다.

둘째: 예수 그리스도의 부활의 표적을 체험하여야 합니다.

* **너희가 그 은혜를 인하여 믿음으로 말미암아 구원을 얻었나니**(엡 2:8절).

구원은 죄에 대하여 의에 대하여 심판에 대하여 이론으로 받을 수 없으며 실상으로 그리스도께서 내 안에서 사랑으로 이루어질 때 완전한 큰 구원을 받게 됩니다.

이론으로 아는 믿음은 마치 모래 위에 지은 어리석은 사람 같아 비가 내리고 창수가 나고 바람이 불면 무너지는 어린아이와 같은 연약한 믿음입니다.

그러나 그리스도의 말씀을 듣고 사랑으로 이루어진 믿음은 반석 위에 지은 지혜로운 사람 같아 비가 내리고 창수가 나고 바람이 불어 부딪쳐도 무너지지 아니하나니 이는 주초를 반석 위에 놓은 연고입니다.

* **반석은 곧 그리스도시라**(고전 10:4절).

아브람이 아브라함으로 사울이 바울로 그 이름이 교체된 것같이 예수님의 이름도 예수 그리스도의 이름으로 임무가 교체되셨습니다.

예수님은 비유의 말씀을 하셨고 예수 그리스도는 실상의 말씀을 하셨으니 우리도 비유의 말씀을 듣고 전하다가 이제 실상의 말씀을 듣고 전할 구원의 때입니다.

* **보라 지금은 은혜 받을 만한 때요 구원의 날이로다**(고후 6:2절).

우리가 은혜 받고 구원 받고 영생을 얻은 통로는 그리스도 때문입니다.

– 하나님께서 성경을 통하여 말씀하신 뜻을 알아야 합니다 –.

첫째 : 그리스도에 대한 증거가 있어야 합니다.

둘째 : 비유의 말씀을 하신 예수님을 알아야 합니다.

셋째 : 실상을 말씀하신 예수 그리스도를 알아야 합니다.

넷째 : 율법의 마침의 확신이 있어야 합니다.

다섯째 : 하나님을 만난 확실한 증거가 있어야 합니다.

여섯째 : 죄에서 구원받은 확실한 증거가 있어야 합니다.

일곱째 : 율법의 요구의 완성인 사랑이 이루어진 확실한 증거가 있어야 합니다.

여덟째 : 자기 자신의 믿음의 수준에 대하여 말할 수 있는 확실한 증거가 있어야 합니다.

그러므로 성경에 기록된 하나님의 모든 말씀은 그리스도를 만나게 되고 하나님을 알게 되며 또 자기 자신의 존재를 알게 하는 거울이요 구원의 책이요 사랑의 책입니다.

* **지극히 높은 곳에서는 하나님께 영광이요 땅에서는 기뻐하심을 입은 사람들 중에 평화로다**(눅 2:14절).

믿음은 그리스도로 말미암아 평화로 시작하여 하나님의 영광을 보게 됩니다.

이는 곧 율법의 완성인 사랑이 이루어지는 것입니다.

* **말씀이 육신이 되어 우리 가운데 거하시매 우리가 그 영광을 보니 아버지의 독생자의 영광이요 은혜와 진리가 충만하더라**(요 1:14절).

2

복음의 주체

*** 너희 지도자는 하나이니 곧 그리스도라**(마 23:10절하).

성경책에 기록된 하나님의 모든 말씀의 주체와 핵심은 그리스도에 대한 말씀입니다.

예수 그리스도로 말미암아 그리스도를 알게 되면 영으로는 하나님처럼 살게 됩니다(벧전 4:6절하).

그리스도는 율법 외에 한 의로 나타나신 말씀 안에 계신 진리의 성령입니다.

*** 진리의 성령이 오시면 그가 너희를 모든 진리 가운데로 인도 하시리니**(요 16:13절).

*** 내가 아버지께로서 너희에게 보낼 보혜사 곧 아버지께로서 나오시는 진리의 성령이 오실 때에 그가 나를 증거하실 것이요**(요 15:26절).

*** 내가 아버지께 구하겠으니 그가 또 다른 보혜사를 너희에게 주사 영원토록 너희와 함께 있게 하시리니 저**

는 진리의 영이라(요 14:16~17절상).

* **이제는 율법 외에 하나님의 한 의가 나타났으니 율법 과 선지자들에게 증거를 받은 것이라**(롬 3:21절).

율법 외에 한 의로 나타나신 그리스도는 높고, 길고, 깊고, 넓은 생명의 말씀입니다.

* **능히 모든 성도와 함께 지식에 넘치는 그리스도의 사랑을 알아 그의 넓이와 길이와 높이와 깊이가 어떠함을 깨달아 하나님의 모든 충만한 것으로 너희에게 충만 하시기를 구하노라**(롬 3:18~19절).

넓이 : 하나님의 말씀은 온 백성을 구원시키는 말씀입니다.

길이 : 하나님의 말씀은 모든 사람들에게 그리스도를 알게 하는 말씀입니다.

높이 : 하나님의 말씀은 사랑으로 이루어지는 말씀입니다.

* **믿음 소망 사랑 중에 제일은 사랑이라**(고전 13:13절).

깊이 : 하나님의 말씀은 죄가 있는 음부의 깊은 마음 안까지 들어가 빛을 비추시는 말씀입니다.

천국은 빛을 받은 의인의 마음이요 지옥은 어두운 죄인의 마음입니다.

* **하나님의 나라는 너희 안에 있느니라**(눅 17:21절하).

그리스도의 말씀은 율법이 마침이 되어 사랑의 완성으로 이루어집니다.

그러므로 율법은 도덕적으로 지키는 것이 아니라 의로 이루어지는 말씀입니다.

율법의 마침이란? 그리스도를 알게 되면 율법은 마침이 됩니다.

* **그리스도는 모든 믿는 자에게 의를 이루기 위하여 율법의 마침이 되시니라**(롬 10:4절).

율법이 마침이 되면 육신에 생각에서 영에 생각으로 하나님을 생각하는 개념이 바뀌어집니다.

* **육신에 생각은 사망이요 영에 생각은 생명과 평안이니라**(롬 8:6절).

이제 그리스도로 말미암아 율법이 마침이 되면 자기 의로 이루어진 믿음은 분토와 같이 버려지고 그리스도의 의로 다시 세워야 한다는 사실을 알게 됩니다.

지혜의 왕 솔로몬왕 때 46년 동안 지은 성전을 돌 위에 돌 하나도 남기지 말고 다 헐어버리라(**마 24:2절, 요 2:19절**) 말씀하신 것은 자기의 의로 지은 바벨탑입니다.

자기 의로 지은 바벨탑은 모두 남김없이 다 헐어버려야 그 자리에 그리스도의 의에 믿음으로 삼일만에 성전이 다시 세워질 수 있는 것입니다.

이는 곧 예수께서 죽으셨다 예수 그리스도로 다시 살아나는 부활의 사건입니다.

오늘도 육신에 속한 자는 자기 의로 세운 믿음은 다 무너트려야 하며 영에 속한 하나님의 의가 되신 그리스도의 믿음으로 다시 세워야 합니다. 그러므로 완전하신 그리스도께서 마음 안에 나타나시면 율법이 마침이 됨으로 부분적으로 하던 것이 폐하여 집니다.

* **온전한 것이 올 때에는 부분적으로 하던 것이 폐하리**

라(고전 13:10절).

사도바울은 율법 외에 하나님의 한 의로 나타나신 그리스도의 의에 법을 깨달았습니다.

* **이제는 율법 외에 하나님의 한 의가 나타났으니**(롬 3:20절상).

* **하나님 앞에서 율법을 듣는 자가 의인이 아니요 오직 율법을 행하는 자라야 의롭다 하심을 얻으리니**(롬 2:13절).

율법을 행하는 자란? 율법이 이루어지는 영에 생각을 하는 자입니다.

* **내가 율법이나 선지자나 폐하러 온 줄을 생각지 말라 폐하려 온 것이 아니요 완전케 하려 함이로라**(마 5:17절).

* **만일 율법에 속한 자들이 후사이면 믿음은 헛것이 되고 약속은 폐하여졌느니라**(롬 4:14절).

* **율법이 가입한 것은 범죄를 더하게 하려는 것이라**(롬 5:20절).

오늘도 많은 백성들이 믿음으로 살아간다말하지만 율법이 마침이 되지 않고 여전히 죄 가운데서 해방되지 못한 채 죄인으로 신앙생활하는 사람들이 많이 있습니다. 그러므로 율법이 마침이 되지 않고 율법을 지키려는 자들은 항상 무서운 폭탄과 같은 죄를 짊어지고 살아가는 것이며 죄를 날마다 더하며 살게 됩니다.

* **너희보다 배나 더 지옥자식이 되게 하는도다**(마 23:15절하).

그러므로 율법을 지키도록 가리키는 거짓목자는 구원시키는 것이 아니라 더 지옥의 자식이 되게 인도합니다.

*** 그러므로 믿음은 들음에서 나며 들음은 그리스도의 말씀으로 말미암았느니라**(롬 10:17절).

*** 예수께서 대답하시되 진실로 진실로 네게 이르노니 사람이 물과 성령으로 나지 아니하면 하나님 나라에 들어갈 수 없느니라 육으로 난 것은 육이요 성령으로 난 것은 영이니**(요 3:5~6절).

육으로 난 것? 육신에 생각하는 육신에 속한 사람입니다.

성령으로 난 것? 영에 생각하는 영에 속한 사람입니다.

그러므로 누구든지 진리의 성령을 받지 않았다면 그가 아무리 성경에 대한 지식이 있고 많은 성경전체 구절을 외운다 할지라도 그는 육신에 속한 자입니다.

이들이 곧 바리새인과 서기관들입니다.

그러므로 반듯이 진리의 성령을 받아야 합니다.

*** 이는 물과 피로 임하신 자니 곧 예수 그리스도시라 물로만 아니요 물과 피로 임하셨고 증거하는 이는 성령이시니 성령은 진리니라 증거하는 이가 셋이니 성령과 물과 피라 또한 이 셋이 합하여 하나이니라**(요일 5:6~8절).

1- 진리의 성령이 오시면 그가 너희를 모든 진리 가운데로 인도하시리니(요 16:13절).

2- 내가 주는 물을 먹는 자는 영원히 목마르지 아니하리니(요 4:14절).

3- 이는 하나님이 너희에게 명하신 언약의 피라 하고

(히 9:20절).

그러므로 성령과 물과 피는 모두 하나님의 말씀으로 하나입니다.

성령과 물과 피로 된 하나님의 말씀은 곧 물로 된 포도주입니다.

* **항아리에 물을 채우라 하신즉 아구까지 채우니 이제는 떠서 연회장에게 갖다 주라 하시매 갖다 주었더니** (요 2:7~8절).

1- 항아리는 사람의 마음입니다.

2- 물은 말씀입니다.

3- 포도주는 피 곧 생명의 말씀입니다.

잔칫날 연회장은 물로 된 포도주의 말씀을 들었을 때 이 말씀이 변화된 귀한 그리스도에 대한 말씀인 줄 알았습니다.

* **그대는 지금까지 좋은 포도주를 두었도다 하니라**(요 2:10절).

좋은 포도주란? 말씀 안에 있는 그리스도입니다.

오늘도 교회에서 말씀이 선포될 때 반듯이 물로 된 포도주를 마시게 하여야 할 것이며 이 포도주를 마신 자는 이 맛이 좋은 포도주의 맛인 줄 깨달아야 합니다.

좋은 포도주의 맛은 그리스도에 대한 말씀이 선포되는 것입니다.

잔칫집에 많은 사람들이 포도주를 마셨으나 그 맛이 좋은 포도주의 맛인 줄 알았던 사람은 오직 연회장뿐이었습니다.

오늘도 마찬가지입니다.

많은 사람들에게 좋은 포도주를 마시게 하면 그 맛이 좋은 포도주의 맛이라는 것을 느끼고 그 맛을 택하는 사람은 아주 적습니다.

* **청함을 받은 자는 많되 택함을 입은 자는 적으니라**(마 22:14절).
* **마라에 이르렀더니 그곳 물이 써서 마시지 못하겠음으로 그 이름을 마라라 하였더라**(출 15:23절).
* **모세가 여호와께 부르짖었더니 여호와께서 그에게 한 나무를 지시하시니 그가 물에 던지매 물이 달아졌더라** (출 15:25절상).

마라의 쓴 물은 먹지 못할 썩을 양식이며 홍수의 물입니다.
그러나 그 쓴물에 한 나무가 들어감으로 쓴물이 변하여 달아졌습니다.
곧 말씀 안에 그리스도께서 함께 하시면 그 말씀은 꿀보다 더 달고 영원히 썩지 않을 구원받을 생명의 말씀입니다.
마라의 쓴물에 들어간 나뭇가지는 엘림이라는 단물로 변화시킨 그리스도입니다.
오늘도 거짓목자들은 먹으면 안될 마라의 쓴 물을 먹이고 있으나 참 목자들은 영원한 생명이 되는 엘림이라는 단물을 먹이고 있습니다.
오늘도 마라의 쓴물에 그리스도가 들어가면 엘림의 단물로 변화됩니다.
그리스도는 구원에 근본과 본체입니다.
복음을 전할 때 그리스도가 빠진다면 그 말씀은 살아있는 말씀이 아니라 죽은 말씀입니다.

사도바울도 내가 그리스도 외에 아무 말도 하지 않겠노라 말하였습니다.

다른 복음을 전하면 전하는 자와 듣는 자는 심판과 저주를 받습니다.

다른 복음이란? 그리스도에 대하여 모르기 때문에 그리스도를 빼고 전하는 말씀입니다.

> * **다른 복음은 없나니 다만 어떤 사람들이 너희를 요란케 하여 그리스도의 복음을 변하려 함이라**(갈 1:7절).
>
> * **그러므로 너희 몸을 하나님이 기뻐하시는 거룩한 산 제사로 드리라 이는 너희의 드릴 영적 예배니라**(롬 12:1절).

영적 예배란? 영에 속한 자들이 물로 된 포도주가 되게 하는 신령과 진정으로 드리는 예배입니다.

신령은 성령입니다.

진정은 진리입니다.

곧 성령이 역사하시는 진리의 말씀으로 예배를 드려야 합니다.

그러므로 지금 믿고 있는 믿음이 자기의 의를 나타내는 믿음인지 아니면 그리스도의 의를 나타내는 믿음인지 분별하여야 합니다.

> * **내가 증거하노니 저희가 하나님께 열심은 있으나 지식을 좇는 것이 아니라 하나님의 의를 모르고 자기 의를 세우려고 힘써 하나님의 의를 복종치 아니하였느니라**(롬 10:2~3절).

자기 의를 세우려는 믿음? 애굽에서 출애굽하여 홍해를 건너 광야에 올 때까지 보이게 역사하신 성령을 따라 보고 믿어진 믿음입니다.

예를 들면 하나님께서 모세에게 밤에는 불기둥 낮에는 구름기둥으로 나타나 인도하신 기적과 표적을 보고 믿어진 믿음입니다.

이 믿음은 그리스도의 믿음이 나타나시면 사라져 버릴 믿음입니다.

육신에 속한 믿음은 육신에 눈으로 보이는 기적과 표적으로 나타나기 때문에 그 곳에 있는 사람이라면 모두 다 볼 수 있습니다.

그러나 영에 속한 믿음은 영안이 열려야만 보이는 요나의 부활의 표적이기 때문에 부활의 표적을 체험한 자와 하나님만 알 수 있는 영원한 믿음입니다.

그러므로 구원의 때가 되면 육신에 속한 믿음은 반듯이 버려야 영에 속한 그리스도의 믿음을 가질 수 있습니다.

곧 예수께서 십자가에 달려 죽으셔야 예수 그리스도께서 다시 살아오십니다.

만약 예수께서 죽지 않으신다면 영원히 예수 그리스도께서 오실 수 없습니다.

그러나 하나님께서 먼저 버려야 할 육신에 속한 믿음을 주신 까닭은 후에 영원한 영에 속한 그리스도의 믿음을 주시기 위한 하나님의 방법입니다.

* **먼저는 신령한 자가 아니요 육 있는 자요 그 다음에 신령한 자니라**(고전 15:46절).

그러므로 예를 들면 육신에 속한 믿음은 고기를 잡기 위하여 낚시꾼이 낚시 바늘 끝에 매달아 놓은 고기밥과 같습니다.

낚시꾼이 고기를 유인하려고 매달아 놓은 미끼의 밥을 먹다가 고기가 잡힌 것 같이 하나님께서 사람들에게 그리스도의 믿음을 갖게 하시기 위하여 먼저 육신에 속한 믿음을 주신 후 맨 마지막에 영에 속한 그리스도의 믿음 안으로 들어가게 하시는 하나님입니다.

하나님께서 사랑하여 애굽에서 불러낸 모세와 그를 따랐던 많은 백성들이 광야까지 왔으나 하나님의 약속의 땅 곧 젖과 꿀이 넘치는 가나안 땅까지 들어가지 못하고 광야에서 그의 영혼들이 죽었다는 사실을 꼭 기억하여야 합니다.

왜 모세가 형 아론이 광야에서 죽은 것과 같이 많은 백성들과 함께 가나안 땅은 바라보기는 하였으나 들어가지 못하고 광야에서 죽었을까요?

모세는 하나님의 거룩하신 말씀을 백성들에게 전하지 않았기 때문입니다.

거룩한 말씀이란? 그리스도에 대한 말씀입니다.

> * **나의 거룩함을 이스라엘 자손 중에서 나타내지 아니한 연고라 내가 이스라엘 자손에게 주는 땅을 네가 바라보기는 하려니와 그리로 들어가지는 못하리라**(신 32:51절 하~52절).

하나님의 약속의 땅 곧 가나안 땅까지 들어간 사람은 법궤를 앞세우고 요단강을 건너간 사람과 갈렙과 여호수아 뿐이었습니다.

그러므로 우리는 육신에 생각은 십자가에 달려 죽어야 하며 그 다음에 그리스도로 말미암아 영에 생각으로 생명과 평안을 얻어야 합니다.

* **육신에 생각은 사망이요 영에 생각은 생명과 평안이니라**(롬 8:6절).

그러므로 자기 의를 나타내는 육신에 속한 믿음은 헛된 믿음이요 헛된 복음이기 때문에 육신에 속한 믿음은 영원한 그리스도의 믿음이 올 때에는 분토와 같이 버려야 합니다.

항상 기뻐하라 : 기쁨이 되시는 그리스도의 말씀을 먹어라.

쉬지 말고 기도하라 : 먹어버린 그리스도의 말씀과 교통하라.

범사에 감사하라 : 그리스도의 말씀이 이루어지게 하라.

율법의 완성인 사랑으로 이루어진 말씀의 결과는 감사뿐입니다.

이제 사랑을 가진 자는 주의 신 들메를 감당하는 자입니다.

신 들메란 : 그리스도입니다.

그러므로 세례 요한과 같이 신들 메를 풀기를 감당하지 못하는 자는 그리스도에 대하여 알지 못함으로 율법을 지키는 자요.

사도바울과 같이 신 들메를 풀기를 감당하는 자는 그리스도를 알기 때문에 율법을 이루는 자입니다.

오늘도 사도바울같이 주의 신 들메 풀기를 감당하여 율법을 이루는 자가 있고 세례 요한같이 신들 메 풀기를 감당하지 못하여 율법을 지키는 자가 있습니다.

그러므로 참 목자는 창세기부터 계시록까지 신 들메 풀기를 감당할 수 있어야 합니다.

곧 신들 메 풀기를 감당하는 사람은 하나님의 말씀의 뜻이 풀려지는 자입니다.

율법의 완성인 사랑이 이루어지려면 반듯이 신들 메가 풀려져야 합니다.

그러므로 우리는 신들 메가 되시는 그리스도를 하나님께 값없이 선물로 받았으니 빚진 자입니다.

하나님께 빚을 갚으려면 구원의 근본이요 본체가 되신 그리스도에 대한 복음을 전파하여야 합니다.

귀 있는 자는 성령이 교회들에게 하시는 말씀을 들을 지어다.

3

하나님 기뻐하시는 금식

*** 나의 기뻐하는 금식은 흉악의 결박을 풀어주며 멍에의 줄을 끌러주며 압제 당하는 자를 자유케 하며 모든 멍에를 꺾는 것이 아니겠느냐**(사 58:6절).

예수 그리스도로 말미암아 그리스도의 믿음을 갖게 되면 무거운 죄 짐의 멍에는 풀어지고 생명과 평안으로 쉼을 얻고 그 영혼은 죄에서 자유 함을 얻게 됩니다.

*** 그리스도는 모든 믿는 자에게 의를 이루기 위하여 율법의 마침이 되시니라**(롬 10:4절).

율법이 마침이 되면 죄에서 구원받고 하나님의 모든 영광을 보며 영생을 누리게 됩니다.

하나님께서 기뻐하시는 금식? 거짓선지자가 먹이는 선악과 나무열매를 먹지 않는 것입니다.

선악과나무열매? 율법을 지키도록 가리키는 거짓목자의 말이기 때문에 율법이 마침 될 수 없습니다.

그러므로 선악과나무열매를 먹지 않고 생명나무열매를 먹으면 그는 죄 사함을 받음으로 흉악의 죄의 결박에서 풀어집니다.
곧 하나님께서 기뻐하시는 금식을 하였기 때문에 죄와 사망의 법에서 해방됩니다.
흉악의 죄의 권세는 육신에 생각입니다.
육신에 생각은 죄와 사망의 법에 갇혀 있는 것입니다.
육신에 생각에서 영에 생각으로 바뀌지면 그는 흉악의 결박이 풀어지고 생명과 평안을 얻게 됩니다.

* **육신에 생각은 사망이요 영에 생각은 생명과 평안이니라**(롬 8:6절).

그러므로 오늘 일용할 양식인 율법을 지키게 하는 선악과나무열매를 먹지 말고(금식) 율법이 이루어지게 하는 생명나무열매를 먹음으로 흉악의 결박이 풀어지고 멍에의 줄이 끊어지고 압제 당하는 죄에서 자유를 얻어야 할 것입니다.

* **이는 생명의 성령의 법이 죄와 사망의 법에서 너를 해방하였음이라**(롬 8:2절).

죽은 나사로가 무덤에서 나오는 사건을 생각해 보십시요.

* **나사로야 나오라 부르시니 죽은 자가 수족을 베로 동인 채로 나오는데 그 얼굴은 수건에 싸였더라 예수께서 가라사대 풀어놓아 다니게 하라 하시니라**(요 11:43~44절).

죽은 나사로는 무덤 안에 있었습니다.
무덤이란? 죄와 사망의 법 안에 갇혀 있는 어두운 마음입니다.

오늘도 무덤 속에서 구원받지 못한 자는 율법을 지키는 말씀의 베와 수건으로 얼굴과 온 몸이 쌓인 채로 신앙생활하고 있습니다.
얼굴은 마음이요 베와 수건은 율법입니다.
수족은 베로 동인 채로 얼굴은 수건으로 싸였더라? 곧 나사로의 마음은 율법을 지키려는 육신에 생각에 묶여 있는 상태의 사람입니다.
참 목자는 그리스도에 대한 생명의 말씀을 인하여 온 몸을 동인 베를 풀어주고 얼굴을 가린 수건을 벗겨주는 그리스도의 종입니다.
곧 죄와 사망의 법에 묶여 있는 영혼을 생명과 성령의 법으로 해방시켜 주는 종입니다.
그러나 오늘도 많은 기독교인들이 죽은 나사로 같이 온몸은 베로 동이고 수건으로 얼굴을 가린 채 무덤 안에서 신앙생활 하는 모습을 볼 수 있습니다.

* **수고하고 무거운 짐 진 자들아 다 내게로 오라 내가 너희를 쉬게 하리라**(마 11:28절).

세상 살아가면서 제일 무거운 짐은 구원받지 못한 성령훼방 죄입니다.
오늘도 율법을 지키려는 사람은 구원받지 못하고 무거운 짐을 짊어진 채 자기 의를 나타내며 신앙생활하고 있습니다.
베드로가 주님을 만나기 전에 밤이 맞도록 얕은 물가에서 그물을 내렸으나 고기를 한 마리도 잡지 못한 것은 베드로가 율법을 지킴으로 베로 온 몸을 두르고 얼굴은 수건으로 가렸기 때문입니다.

그러나 다시 살아서 물 위를 걸어오신 예수 그리스도의 말씀을 의지하여 깊은 물속으로 들어가 큰 고기 153마리를 잡아 올린 것은 온 몸을 묶은 베와 얼굴을 가린 수건이 벗겨졌기 때문에 죄에서 구원받은 까닭입니다.

큰 고기 153마리의 고기란? 어부들의 양식이 되는 깊고 넓고 길고 높은 하나님의 말씀입니다.

우리도 사람을 낚는 어부입니다.

어부가 큰 고기를 가지고 있어야 양식이 없는 가난한 자들에게 나누어 줄 수 있습니다.

* **모든 성경은 하나님의 감동으로 된 것으로 교훈과 책망과 바르게 함과 의로 교육하기에 유익하니 이는 하나님의 사람으로 온전케 하며 모든 선한 일을 행하기에 온전케 하려 함이니라**(딤후 3:16~18절).

사도바울은 그리스도 안에서 율법의 완성인 사랑을 이룬 온전케 된 사도입니다.

오늘도 사도바울은 모든 사람들이 그리스도로 말미암아 구원받고 생명과 평안으로 사랑을 이루며 하나님의 영광을 보며 살아가기를 바라고 있습니다.

* **그가 셋째 하늘에 이끌려 간지라**(고후 12:2절중).

사도바울은 셋째 하늘에까지 이끌려 간 사람입니다.

셋째 하늘까지 올라간 사람은 삼일만에 부활한 믿음을 가진 거룩하고 완전하며 하나님의 사랑을 입은 사람입니다.

첫째 하늘 : 모세로부터 율법을 지킬 때.
둘째 하늘 : 예수로부터 은혜를 받을 때.
셋째 하늘 : 예수 그리스도로부터 그리스도(진리의 성령)를 만날 때입니다.

사도바울이 셋째 하늘에 이끌려 갔다 함? 맨 나중에 나타나시는 그리스도 안으로 이끌려 들어갔다는 뜻입니다.

그리스도 안으로 이끌려 들어가면 예수와 함께 죽고 그리스도와 함께 다시 살아나는 역사가 나타납니다.

사도바울은 그리스도로 말미암아 셋째 하늘에 이끌려 갔으며 진리의 말씀으로 아들 디모데를 낳은 아비가 된 사람입니다.

* **그리스도 예수의 사도된 바울은 믿음 안에서 참 아들 된 디모데에게 편지하노니**(딤전 1:1절하~2절상).

오늘 우리도 사도바울과 같이 그리스도로 말미암아 셋째 하늘에 이끌려 들어가야 할 것이며 진리의 말씀으로 아들을 낳는 영적 아비가 되어야 합니다.

* **진리의 말씀으로 우리를 낳았느니라**(약 1:18절하).

* **이것을 읽으면 그리스도의 비밀을 내가 깨달은 것을 너희가 알 수 있으리라**(엡 3:4절).

그러므로 하나님의 모든 말씀의 복을 받고 하늘에 신령한 자가 되려면 그리스도의 말씀으로 낳음을 받는 셋째 하늘까지 올라가야 합니다.

그러나 오늘날 많은 사람들이 첫째 하늘과 둘째 하늘까지는 잘 이끌려가는 데 맨 마지막에 나타나시는 셋째 하늘에까지 올라가지 못한 채 신앙생활 하는 사람들이 많습니다.
만약 셋째 하늘에까지 올라가지 못하면 그는 어린아이와 같이 하나님을 부분적으로만 알게 됩니다.
그러나 셋째 하늘까지 올라간 자는 율법이 마침이 되고 거룩하며 온전하며 하나님 독생자의 영광을 보고 율법의 요구의 완성인 사랑을 이루며 살게 됩니다.

* **육신을 좇지 않고 영을 좇아 행하는 우리에게 율법의 요구를 이루어지게 하려 하심이니라**(롬 8:3절).

율법의 요구의 완성은 사랑입니다.
하나님의 사랑을 가진 자는 뉘 죄든지 죄에서 구원을 시켜주는 구원 자가 됩니다.

* **너희가 뉘 죄든지 사하면 사하여 질 것이요 뉘 죄든지 그대로 두면 그대로 있으리라 하시니라**(요 20:23절).

뉘 죄든지 죄에서 구원시켜줄 수 있는 그리스도에 대한 가치성과 존귀성은 아무나 누구나 누릴 수 있는 복이 아닙니다.

* **미리 정하신 그들을 또한 부르시고 부르신 그들을 또한 의롭다 하시고 의롭다 하신 그들을 또한 영화롭게 하셨느니라**(롬 8:30절).

오늘날 신앙생활에 있어 문제가 되는 것은 기독교 신자들이 사람에게 보이게 하는 세상 적이고 도덕적이고 지식적인 행위의 처세는 참 잘하는데 율법의 완성인 사랑으로 이루어진 그리스도의 믿음을 가진 자를 찾기란 힘듭니다.

* **저희가 보아도 보지 못하며 들어도 듣지 못하며 깨닫**

지 못함이니라(마 13:13절).

* **하나님께 속한 자는 하나님의 말씀을 듣나니 너희가 듣지 아니함은 하나님께 속하지 아니하였음이니라**(요 8:47절).

셋째 하늘에까지 끌려 올라가지 못한 사람은 하나님께 속한 자가 아니요 그리스도를 보지 못하며 듣지 못하며 깨닫지 못하는 육신에 속한 자입니다. 이들은 눈에 들보가 있음으로 볼 수 없습니다.

* **외식하는 자여 먼저 네 눈 속에서 들보를 빼어라 그 후에야 밝히 보고 형제의 눈속에서 티를 빼리라**(마 7:5절)

* **하나님의 의를 모르고 자기 의를 세우려고 힘써 하나님의 의를 복종치 아니하였느니라(롬 10:3절).**

이들은 자기 의를 세우려고 그리스도에 대하여 무관심한 사람들입니다.

그러므로 그리스도인이라면 반듯이 구원에 주체가 되시며 핵심이 되시는 그리스도에 대한 확실한 증거를 가지고 있어야 합니다.

성경에 기록된 하나님의 모든 말씀은 누가 인정을 하든지 안 하든지 자기의 확신 있는 가치성을 가지고 있어야 합니다.

남이 말하는 믿음의 평가에 좌지우지하지 말고 그리스도의 믿음으로 된 확신과 존귀와 가치성을 가지고 있는 자라면 그는 무너지지 않는 반석 위에 세운 집이 될 것입니다.

노아는 남을 의식하지 않고 자기 가치성을 높이기 위하여 120년 동안 방주를 지었습니다.
남들은 먹고 마시고 시집가고 장가가는 일에 분주하고 자기 가치성을 높이지 못하여 홍수로 멸망당하였지만 노아는 방주 안에 들어감으로 홍수로 멸망하지 않고 구원받았음은 물론이거니와 방주 안에 들어온 모든 식구들과 짐승들까지 구원시키는 구원자가 되었습니다.
노아가 지은 방주는 곧 마음 안에 존귀하고 가치성 있는 그리스도의 집을 지은 것입니다.
그러므로 노아가 120년동안 지은 방주는 곧 노아를 구원시킨 그리스도로 말미암아 율법의 완성인 사랑이 이루어진 상태입니다.
그러므로 누구든지 하나님을 사랑한다면 성경 안에 비밀로 감춰져 있는 그리스도에 대하여 알아야 합니다.
기독교의 생명력은 바로 그리스도로 말미암아 자기를 십자가에 못박아 죽이고 그리스도로 말미암아 다시 살아나 부활되어 그리스도 안에서 변화되어 가는 자신을 보는 가치성입니다.
그러므로 그리스도로 말미암아 변화된 자아의 가치성을 가진 사람은 남에게도 그 가치성을 가질 수 있도록 인도할 것입니다.
그리스도는 세상에 있는 그 무엇과 비교할 대상이 아닙니다.
존귀하시고 생명력 있고 최고의 가치성을 가지고 있는 하나님의 진리의 영입니다.
그러므로 믿음이 있노라 하고 그리스도 곧 진리의 성령에 대한 가치성을 모른다면 그는 아무 유익 없이 무익한 삶을 사는 자입니다.

보석은 보석 그 자체에 가치성이 있습니다.

하나님의 백성은 그리스도로 말미암아 하나님의 형상과 모양을 닮아가는 가치성입니다.

그리스도의 예복을 입은 자와 예복을 입지 않은 자의 가치성은 하늘과 땅 차이입니다.

하나님은 모두를 사랑하시되 사랑하시는 차이가 있습니다.

마치 아벨과 야곱을 사랑하여 그들이 드리는 제사는 기뻐받으시되 가인과 에서가 드리는 제사는 기뻐받지 않으셨습니다.

하나님께 아벨과 야곱이 드린 예배는 신령과 진정으로 드린 신령한 영적 예배입니다.

그러나 가인과 에서가 드린 예배는 도덕적이고 세상적이고 형식적이며 행위적인 육신에 속한 예배였습니다.

오늘 각 교회에서 드리는 예배는 율법이 이루어지는 신령과 진정으로 드리는 영에 속한 예배입니까?

아니면 율법을 지키게 하는 형식에 치우친 행위적 육신에 속한 예배입니까?

4

내가 속히 그 원한을 풀어주리라

* **가라사대 어떤 도시에 하나님을 두려워 아니하고 사람을 무시하는 한 재판관이 있는데 그 도시에 한 과부가 있어 자주 그에게 가서 내 원수에 대한 나의 원한을 풀어주소서 하되**(눅 18:2~3절).

* **내가 너희에게 이르노니 속히 그 원한을 풀어주리라 그러나 인자가 올 때에 세상에서 믿음을 보겠느냐 하시니라**(눅 18:8절).

하나님을 두려워 아니하고 사람을 무시한다는 뜻?

곧 하나님은 영이신 데 하나님의 말씀을 영에 눈과 영에 생각으로 보지 아니하고 육신에 눈과 육신에 생각으로 하나님의 말씀을 보기 때문에 하나님의 말씀과 하나가 되지 않음으로 그는 곧 하나님을 두려워 아니하고 사람을 무시한 목자입니다.

하나님을 두려워 아니하고 사람을 무시하게 되면 그 목자는 죄 사함을 받게 할 수 없는 거짓 목자입니다.

* **너희가 뉘 죄든지 사하면 사하여 질것이요 뉘 죄든지 그대로 두면 그대로 있으리라 하시니라**(요 20:23절).

그러므로 참 목자는 죄 사함을 받게 해주는 그리스도의 말씀의 능력과 권세를 가지고 있어야 합니다.

그는 살아있는 진리의 성령과 함께하는 목자입니다.

그러므로 하나님은 영이시니 예배하는 자는 신령과 진정으로 예배 드려야 합니다.

신령과 진정은 곧 성령과 진리 곧 그리스도입니다.

성령과 진리의 역사하심이 있어야 죄 사함을 받게 할 수 있는 예배가 됩니다.

그러나 오늘날 율법을 이루지 못하고 율법을 지킴으로 도덕적이고 행위적인 예배를 드리는 목자가 많이 있습니다.

율법은 지키는 말씀이 아니라 이루어지는 말씀입니다.

그러므로 의인의 믿음은 행위에서 난 믿음이 아니라 그리스도의 말씀을 듣고 믿는 믿음입니다.

* **너희가 성령을 받는 것은 율법의 행위로냐 듣고 믿음으로냐**(갈 3:2절중).
* **임금이 대답하여 가라사대 내가 진실로 너희에게 이르노니 너희가 여기 내 형제 중에 지극히 작은 자 하나에게 한 것이 곧 내게 한 것이니라**(마 25:40절).

그러므로 하나님을 두려워하여 진리의 성령을 받으면 자신도 구원받고 또 사람도 무시하지 않는 것이요 하나님을 두려워 아니하여 진리의 성령을 훼방하면 자신도 구원받지 못하고 사람을 무시하는 것입니다.

* **다른 복음은 없나니**(갈 1:7절상).

다른 복음이란 거짓된 복음이요 진리의 성령 곧 그리스도가 빠진 복음입니다.

* **누구든지 이것들 외에 더하면 하나님이 이 책에 기록된 재앙들을 그에게 더하실 터이요. 만일 누구든지 이 책의 예언의 말씀에서 제하여 버리면 하나님이 이 책에 기록된 생명나무와 및 거룩한 성에 참예함을 제하여 버리시리라**(계 22:18절중~19절).

곧 예언의 말씀을 듣고 믿을 때 진리의 성령은 번개같이 번쩍 깨닫는 순간 임하십니다.

그러므로 그리스도 외에 다른 복음을 더하면 재앙을 받게 되며 그리스도를 빼면 생명나무와 거룩한 성에 참예함을 제하여 버림을 받게 됩니다.

도시에 원수에 대한 원한을 가진 한 과부는 남편이 없는 자입니다.

남편 없다는 것은 곧 예수 그리스도로 말미암아 그리스도에 대하여 깨닫게 해 줄 목자를 만나지 못함으로 죄에서 구원받지 못한 여인입니다.

오늘도 많은 사람들이 죄에서 구원받지 못하고 신앙생활하는 행위적인 믿음을 가진 과부들이 많이 있습니다.

이 과부에게는 항상 원수인 죄가 마음 안에서 왕 노릇함으로 과부를 괴롭히고 있었습니다.

그러므로 과부는 자신을 괴롭히는 이 원수의 원한을 풀어달라고 부르짖는 것입니다.

과부의 원수는 곧 과부의 영혼과 마음 안에서 그를 괴롭히는 욕심, 시기, 미움, 질투, 염려, 근심, 탐심 등 악한 모든 것들입니다.

그러므로 과부가 괴로워하는 것은 곧 죄에서 구원받지 못하여 생명과 평안이 없는 연고로 악한 원수들이 그 과부의 영혼과 마음 안에서 왕 노릇하고 있기 때문입니다.

> * **육신에 생각은 하나님과 원수가 되나니 이는 하나님의 법에 굴복치 아니할 뿐 아니라 할 수도 없느니라**(롬 8:7절).

육신에 생각은 죄요 사단이요 마귀요 어두움이요 하나님과 원수들입니다.

그러나 영에 생각은 생명과 평안이요 빛입니다.

어두움은 빛이 들어가면 사라집니다.

그러므로 주 예수 그리스도를 믿고 그리스도를 영접하면 과부의 원한은 풀어집니다.

예수 그리스도의 말씀을 믿고 따르면 그리스도께서 임하심으로 생명과 평안을 얻기 때문입니다.

> * **육신에 생각은 사망이요 영에 생각은 생명과 평안이니라**(롬 8:6절).

그러나 하나님을 두려워하지 아니하고 사람을 무시한 불의한 재판관은 과부의 원수의 원한을 풀어주지 못하였습니다.

원수의 원한을 풀어주지 못함은 곧 재판관 자신도 구원받지 못하였기 때문입니다.
누구든지 죄에서 구원시켜주는 일은 자신이 반듯이 구원 받아야 과부와 같은 죄인을 구원을 시킬 수 있습니다.
예를 든다면 어떻게 형무소 안에 있는 죄인이 형무소 안에 있는 죄인을 용서하여 밖으로 꺼내줄 수 있겠습니까?
마찬가지입니다.
구원시키는 일은 반듯이 구원받은 자라야 구원시킬 수 있는 하나님의 일입니다.

* **너희가 뉘 죄든지 사하면 사하여 질 것이요**(요 20:23절).

그러므로 오늘날 양을 이끄는 목자는 뉘 죄든지 그들이 가지고 있는 원수에 대한 원한을 풀어줄 수 있는 그리스도와 함께 하는 자라야 합니다.
만약 오늘도 양을 이끄는 목자가 과부의 원수에 대한 원한을 풀어주지 못한다면 그 목자는 불법을 행하는 불의한 목자입니다.
그러나 과부의 원수에 대한 원한을 풀어준다면 그는 죄에서 구원시키는 참 목자입니다.

* **사람이 마땅히 우리를 그리스도의 일군이요 하나님의 비밀을 맡은 자로 여길 찌어다 그리고 맡은 자들에게는 구할 것은 충성이니라**(고전 4:1~2절).

그러므로 하나님의 종은 성경 말씀 속에 비밀로 감춰져 있는 그리스도에 대하여 알아야 할 것이며 그 비밀을 맡은 자는 뜻을 다

하고 목숨을 다하여 충성하여야 할 것입니다.

누구든지 원수에 대한 원한이 풀어지면 구원받은 자요 곧 생명과 평안이 그의 영혼과 마음을 주장하기 때문에 그의 영혼과 마음은 이미 천국을 이루게 된 것이요 또 하나님의 영광을 볼 것입니다.

*** 예수께서 대답하여 가라사대 하나님의 나라는 볼 수 있게 임하는 것이 아니요 또 여기 있다 저기 있다고도 못 하리니 하나님의 나라는 너희 안에 있느니라**(눅 17:20절하~21절).

*** 말씀이 육신이 되어 우리 가운데 거하시매 우리가 그 영광을 보니 아버지의 독생자의 영광이요 은혜와 진리가 충만하더라**(요 1:14절).

*** 그날에 많은 사람이 나더러 이르되 주여 주여 우리가 주의 이름으로 선지자 노릇하며 주의 이름으로 귀신을 쫓아내며 주의 이름으로 많은 권능을 행치 아니하였나이까 하리니 그때에 내가 저희에게 밝히 말하되 내가 너희를 도무지 알지 못하니 불법을 행하는 자들아 내게서 떠나가라 하리라**(마 7:22~23절).

그러므로 오늘도 양을 이끄는 목자는 하나님의 뜻과 목적을 이루어 드리는 있어야 할 것이 있어야 할 곳에 있어야 합니다.

*** 하나님의 뜻과 목적은**

1 – 있어야 할 것

2 – 있어야 할 곳

3 – 있는 것

이는 율법의 요구의 완성을 이루는 자입니다.

* **내가 너희에게 이르노니 속히 그 원한을 풀어주시리라 그러나 인자가 올 때에 세상에서 믿음을 보겠느냐 하시니라**(눅 18:8절).

하나님께서는 누구든지 믿는 자들에게 원수에 대한 원한을 풀어주시기를 원하시지만 그러나 인자가 올 때에 믿음 있는 자를 볼 수 있겠느냐 물으십니다.

* **추수할 것은 많되 일군이 적으니**(마 9:37절).

원수의 원한이 풀리지 않아 구원받지 못한 백성들은 많습니다. 그러나 원수에 대한 원한을 풀어줄 일군이 적습니다.

그리스도의 일군 중에는 모세와 같이 홍해를 건너 광야까지만 인도하는 목자가 있고 요단강을 건너 하나님의 약속의 땅 곧 젖과 꿀이 넘치는 가나안 땅 안까지 인도하는 바울같은 목자가 있습니다.

* **청함을 받은 자는 많되 택함을 입은 자는 적으니라**(마 22:14절).

청함 받은 자는 광야까지 온 믿음을 갖고 있지만 택함 받은 자는 약속의 땅 곧 가나안 땅까지 들어가는 믿음을 갖고 있는 것입니다.

* **좁은 문으로 들어가라 멸망으로 인도하는 문은 크고 그 길이 넓어 그리로 들어가는 자가 많고 생명으로 인도하는 문은 좁고 그 길이 협착하여 찾는 이가 적음이니라**(마 7:13~14절).

귀 있는 자는 성령이 교회들에게 하시는 말씀을 들을 찌니라.

5

예수님의 사역과 예수 그리스도의 사역

*** 내가 떠나는 것이 너희에게 유익이라**(요 16:7절중).

*** 그러하나 진리의 성령이 오시면 그가 너희를 모든 진리 가운데로 인도하시리니**(요 16:13절).

예수님은 우리를 떠나야 하고 우리는 예수님을 보내야 합니다. 떠나야 할 예수님의 사역은 십자가에 죽고 난 후에 삼일 만에 다시 살아 오실 예수 그리스도에 대한 모형과 그림자입니다.

예수의 사역? 비유로 말씀하실 때 보혜사 성령께서 역사하심으로 은혜받은 자들에게 광야까지 인도하시어 모세와 같이 밤에는 불기둥 낮에는 구름기둥으로 역사하시고 방언 예언 병고침 통변 등 육신에 눈으로도 보이는 기적과 표적을 나타내시다가 때가 되어 십자가에 달려 죽으신 분입니다.

예수 그리스도의 사역? 죽었다가 삼일 만에 다시 진리의 성령(그리스도)과 함께 살아나셔서 실상의 말씀을 하심으로 요나의 부활의 표적을 나타내시며 진리 가운데로 인도하시어 죄에 대하여 의에 대하여 심판에 대하여 세상을 책망하시고 율법의 요구의 완성인 사랑이 이루어지도록 인도하시는 분입니다.

비유로 말씀하신 예수님과 실상을 말씀하신 예수 그리스도는 하나님의 아들로써 한 분이시지만 하나님의 일에 대한 임무가 다른 역할을 하신 분입니다.

그러므로 비유로 말씀하신 예수님에 대하여 알아야 하며 또 죽었다가 다시 살아나 실상을 말씀하신 예수 그리스도에 대하여 알아야 합니다.

오늘 믿음생활 하는 많은 사람들에게 안타까운 사실은 예수님의 사역과 예수 그리스도의 사역을 분별하지 못함으로 성경에 대하여 눈이 있어도 보지 못하고 귀가 있어도 듣지 못하고 입이 있어도 말하지 못하고 손이 있어도 만지지 못하고 발이 있어도 걷지 못하는 병든 자가 많이 있다는 사실입니다.

> * **만군의 여호와가 이르노라 너희가 눈먼 희생으로 드리는 것이 어찌 악하지 아니하며 저는 것 병든 것으로 드리는 것이 어찌 악하지 아니하냐**(말 1:8절상).

이들은 땅이 혼돈하고 공허하며 흑암이 깊음 위에 있는 어둠에 속한 자들입니다(창 1:2절).

그러므로 우리는 예수님의 사역을 본받아 충성하다가 나중에 다시 살아오시는 예수 그리스도의 사역으로 임무를 갈아타는 믿음을 가져야 합니다.

이렇게 온전한 것이 올 때에는 부분적으로 하던 것을 폐하여야 합니다.

*** 온전한 것이 올 때에는 부분적으로 하던 것이 폐하리 라**(고전 13:10절).

부분적으로 하던 것? 예수께서 비유의 말씀을 하실 때입니다.

온전한 것? 예수 그리스도께서 실상으로 말씀 하시는 일을 아는 때입니다.

모세와 세례요한은 제자(막 2:18절 요 9:28절)들에게 율법을 지키는 말씀을 함으로써 제자들이 미래에 이루어질 말씀을 믿고 따랐습니다.

그러나 예수 그리스도는 제자(요 15:8절)들에게 율법이 이루어질 실상의 말씀을 함으로써 제자들이 현재에 이루어지는 말씀을 믿고 따랐던 것입니다.

앞으로 이루어질 것을 말하는 미래형의 사람과 이미 사실로 이루어지는 현재형의 믿음을 가진 자의 믿음의 차이는 천국과 지옥같이 다릅니다.

*** 내가 율법이나 선지자나 폐하러 온 줄로 생각지 말라 폐하러 온 것이 아니요 완전케 하려 함이로라 진실로 너희에게 이르노니 천지가 없어지기 전에는 율법의 일점 일획이라도 반드시 없어지지 아니하고 다 이루리라**(마 5:17~18절).

율법은 지키는 말씀이 아니라 다 이루어지는 말씀입니다.

오늘날 많은 성도들의 믿음의 문제점은 율법이 이루어져 영에 속한 신령한 자가 되려는 것이 아니라 율법을 지키는 것이 마치 하나님의 일이라 생각하고 도덕적인 의인이 되려고 애를 쓰고 있습니다.

그러나 도덕적인 의인이 되려고 애를 쓰지만 이 세상에 도덕적인 의인은 없나니 한 사람도 없고 있을 수도 없습니다.

율법은 지키면 지킬수록 하나님 앞에 더 큰 죄인이라는 것을 알아야 할 것입니다.

* **이제는 율법 외에 하나님의 한 의가 나타났으니 율법과 선지자들에게 증거를 받은 것이라**(롬 3:21절).

* **만일 율법에 속한 자들이 후사이면 믿음은 헛것이 되고 약속은 폐해졌느니라. 율법은 진노를 이루게 하나니 율법이 없는 곳에는 범함도 없느니라**(롬 4:14~15절).

예수께서 먼저 온 것은 뒤에 나타나실 예수 그리스도를 위함입니다.

예수 그리스도께서 나타나시기 위하여 예수님은 십자가에 달려 죽어야 합니다.

곧 예수님은 구름 속으로 들어가시고 예수 그리스도는 구름 속에서 나타나신 분입니다.

십자가에 달려 죽어야 할 예수님은 비유의 말씀을 함으로 실상으로 오실 예수 그리스도의 허상이요 그림자입니다.

예수님은 하나님의 아들로써 비유의 말씀을 하심으로 조연의 역할을 하신 분이시고 십자가에 달려 죽었다가 삼일 만에 다시 살아나 부활하신 예수 그리스도는 하나님의 아들로서 실상의 말씀을 하심으로 주연의 역할을 하신 분입니다.

그런데도 불구하고 아직도 조연의 역할을 한 예수님만 바라 보고 있는 사람들이 많고 주연의 역할을 하는 예수 그리스도께서 하시는 말씀은 무관심하고 듣기 어렵고 해석하기 둔하고 깨닫지 못하는 사람들이 많이 있다는 사실입니다.

* **제자 중 여럿이 듣고 말하되 이 말씀은 어렵도다 누가 들을 수 있느냐**(요 6:60절).

곧 예수 그리스도의 음성을 들을 수 있는 귀를 가진 자는 그리스도에 대한 외침의 음성을 들을 것이요 귀 먹 어리는 듣지 못할 것입니다.

* **저희가 보아도 보지 못하며 들어도 듣지 못하며 깨닫지 못함이니라**(마 13:13절).
* **그러나 너희 눈은 봄으로 너희 귀는 들음으로 복이 있도다**(마 13:14절).
* **내가 진실로 너희에게 이르노니 많은 선지자와 의인이 너희 보는 것들을 보고자 하여도 보지 못하였고 너희 듣는 것들을 듣고자 하여도 듣지 못하였느니라**(마 13:17절).

예수 그리스도로 말미암아 그리스도의 말씀을 듣고 죽은 영혼이 살아나 부활함은 육신에 생각을 물리치고 영에 생각으로 바꾸는 믿음의 승리입니다.

이 승리는 자기 마음 안에 있는 세상적인 육신에 생각의 요소들을 그리스도로 말미암아 영에 생각의 요소로 넉넉히 이기고 남습니다.

육신에 생각이 변하여 영에 생각의 생명과 평안으로 이루어져 하나님의 나라가 됩니다.

> * **하나님의 나라는 볼 수 있게 임하는 것이 아니요 또 여기 있다 저기 있다고도 못하리니 하나님의 나라는 너희 안에 있느니라**(눅 17:20절하~21절하).
>
> * **너희는 그리스도의 것이요 그리스도는 하나님의 것이니라**(고전3:23절).

그리스도와 함께 사는 자는 이제 세상 살아갈 가치를 얻게 되었으니 죽어도 주를 위하고 또 살아도 주를 위하여 살아가는 분명한 목적이 생긴 것입니다.

> * **그런즉 이제 내가 그리스도와 함께 십자가에 못 박혔나니 이제는 내가 산 것 아니요 오직 내 안에 그리스도께서 사신 것이라 이제 내가 육체 가운데 사는 것은 나를 사랑하사 나를 위하여 자기 몸을 버리신 하나님의 아들의 믿음을 가진 그 믿음 안에서 사는 것이라**(갈 2:20절).

귀 있는 자는 성령이 하시는 말씀을 들을지어다.

6

생명나무와 선악과나무

* **동산 가운데에는 생명나무와 선악을 알게 하는 나무도 있더라**(창 2:9절하).

에덴동산 안에는 생명나무와 선악을 알게 하는 나무가 들어있습니다.

에덴이란? 기쁨입니다.

기쁨이란? 그리스도에 대한 말씀입니다.

* **항상 기뻐하라**(살전 5:16절).

항상 기뻐하라? 기쁨이 되시는 그리스도 안에 있으라.

생명나무? 참 목자 예수 그리스도입니다.

선악과나무? 거짓목자 적 그리스도입니다.

* **여호와 하나님이 그 사람에게 명하여 가라사대 동산 각종 나무의 실과는 네가 임의로 먹되 선악을 알게 하는 나무의 실과는 먹지 말라 먹는 날에는 정녕 죽으리라 하시니라**(창 2:9. 2:16~17절).

사람들이 음식을 잘못 먹으면 병이 나거나 목숨을 잃을 수도 있습니다.

마찬가지로 영혼을 구원시키는 하나님의 말씀도 잘 먹으면 구원받고 영생을 얻을 수 있으나 잘못 먹으면 구원받지 못하고 오히려 더 지옥자식 되어 심판과 저주 안에 현재도, 미래도 영원히 살게 됩니다.

> * **교인 하나를 얻기 위하여 바다와 육지를 두루 다니다가 생기면 너희보다 배나 더 지옥 자식이 되게 하는도다**(마 23:15절하).

선악과나무열매를 먹으면 그의 영혼은 반듯이 죽습니다.

그러나 생명나무열매를 먹으면 그의 영혼은 반듯이 구원 받아 영생을 얻게 됩니다.

그러므로 선악과나무열매를 먹지 않는 것이 하나님께서 기뻐하시는 금식을 하는 것입니다.

선악과나무열매는 영혼을 위하여 반듯이 먹지 말아야 할 마라의 쓴 물입니다.

생명나무열매는 영혼을 위하여 반듯이 먹어야 할 엘림의 단 물입니다. 마라의 쓴 물에 나뭇가지를 넣었더니 엘림이라는 단물로 변화되었습니다.

쓴물을 단물로 변화시킨 나뭇가지는 곧 그리스도의 말씀입니다.

오늘도 복음을 전파할 때 그리스도가 빠진 말씀은 먹지 못할 썩은 마라의 쓴 물입니다.

그러나 그리스도와 함께 하는 복음의 말씀은 먹어야 할 썩지 아니하는 엘림의 단물입니다.

하나님의 말씀이 세상에 나온 이후부터 오늘까지 많은 사람들이 먹고 있는 열매는 엘림의 생명나무열매보다 마라의 선악을 알게 하는 나무열매입니다.

* **사랑하는 자들아 영을 다 믿지 말고 오직 영들이 하나님께 속하였나 시험하라 많은 거짓 선지자가 세상에 나왔음이니라**(요일 4:1절).

* **청함을 받은 자는 많되 택함을 입은 자는 적으니라**(마 22:14절).

* **좁은 문으로 들어가라 멸망으로 인도하는 문은 크고 그 길이 넓어 그리로 들어가는 자가 많고 생명으로 인도하는 문은 좁고 길이 협착하여 찾는 이가 적음이니라**(마 7:13절).

그러므로 생명나무열매를 먹으면 생명과 평안을 얻으나 선악과 나무열매를 먹으면 사망을 합니다.

* **육신에 생각은 사망이요 영에 생각은 생명과 평안이니라**(롬 8:6절).

* **이는 물과 피로 임하신 자니 곧 예수 그리스도시라 물로만 아니요 물과 피로 임하셨고**(요일 5:6절).

예수 그리스도 안에는 물과 피가 들어있습니다.

그러나 적 그리스도 안에는 물만 들어있습니다.

하나님께서 받으시는 예배는 물로만 아니요 물과 피로 임하신 피의 예배를 받으십니다.

물은 말씀이요 피는 생명이신 그리스도입니다.
그러므로 생명나무열매를 먹으면 영혼이 반듯이 살 것이로되 선악과나무열매 먹으면 영혼은 반듯이 죽을 것입니다.
믿음생활에 있어 먼저 알 것은 비유로 말씀하신 예수님이고 그 다음에 알 것은 죽었다가 다시 살아나 부활하여 실상을 말씀하신 예수 그리스도입니다.

> * **그 아버지의 정한 때까지 후견인과 청지기 아래 있나니 이와 같이 우리도 어렸을 때에 이 세상 초등학문 아래 있어서 종 노릇 하였더니 때가 차매 하나님이 그 아들을 보내사 여자에게서 나게 하시고 율법아래 나게 하신 것은 율법아래 있는 자들을 속량하시고 우리로 아들의 명분을 얻게 하려 하심이라**(갈 4:2~5절).

즉 우리가 믿음이 적어 초등학문 아래 있어 종 노릇 할 때에는 선악과나무열매를 먹을 때입니다.
그러나 때가 차서 아들의 명분을 얻을 때가 되면 생명나무열매를 먹게 됩니다.
만약 어린아이와 같은 믿음을 가진 자가 단단한 식물을 먹어서는 안될 것이며 장성하여야 할 자가 젖이나 먹고 있으면 안될 일입니다.
그러므로 자기 앞에 차려놓은 이 음식이 자기 영혼을 위하여 어떤 음식인지 잘 분별하여 먹어야 할 것입니다.
하나님은 모든 백성들에게 하늘에 신령한 복을 주시기를 원하시며 우리는 하나님을 사랑하여 생명의 말씀의 유업을 상속받아야 합니다.

우리가 어떻게 하나님을 사랑할 수 있겠습니까?

하나님을 사랑할 수 있는 방법? 하나님께서 보내신 주 예수 그리스도를 아는 일입니다.

> * **영생은 곧 유일하신 참 하나님과 그의 보내신 자 예수 그리스도를 아는 것이니라**(요 17:3절).

예수 그리스도로 말미암지 않고는 한 사람도 하나님 아버지께로 올 자가 없습니다.

그러므로 구원의 주체와 핵심이 되시는 그리스도는 알아도 되고 몰라도 될 일이 아니라 반드시 모든 백성들이 알아야 할 과제입니다.

만약 교회는 다닐지라도 하나님께서 비밀로 감춰놓으신 그리스도를 알지못한다면 그에게는 구원도 없고 영원한 영생도 없습니다.

그리스도는 죄에서 구원받을 수 있는 통로입니다.

그리스도를 영접할 때 비로서 죄에서 구원 받게 되고 하나님의 영광을 보게 됩니다.

> * **말씀이 육신이 되어 우리 가운데 거하시매 우리가 그 영광을 보니 아버지의 독생자의 영광이요 은혜와 진리가 충만하더라**(요 1:14절).

예수 그리스도께서 하는 일

예수 그리스도는 그리스도에 대한 말씀을 선포함으로 거룩하고 온전하며 영광스럽고 신령한 사람이 되도록 인도합니다.

1. 우는 자를 위로해 줍니다.

예수 그리스도는 슬픈 자를 기쁨이 되신 그리스도의 말씀으로 위로 받게 합니다.

그리스도가 없으면 슬픔입니다.

2. 없는 자를 풍성하게 해줍니다.

예수 그리스도는 영혼이 가난한 자에게 그리스도의 말씀으로 성령 충만하게 해줍니다.

3. 낮고 천한 자에게 높은 자가 되게 해줍니다.

예수 그리스도는 그리스도의 말씀으로 하늘에 신령한 자로 차원 높은 자가 되도록 인도합니다.

그리스도 없는 자는 구원받지 못한 죄인이기 때문에 낮고 천한 자입니다.

4. 잡힌 자에게 놓임을 받게 해줍니다.

예수 그리스도는 죄에 잡혀 있는 자에게 생명과 성령의 법이 죄와 사망의 법에서 해방되게 합니다.

5. 약한 자를 강한 자가 되게 합니다.

예수 그리스도는 어린아이와 같은 믿음을 가진 자에게 세상을 넉넉히 이기는 능력 있는 자가 되도록 인도합니다.

6. 눈먼 자에게 빛을 보게 합니다.

예수 그리스도는 그리스도로 말미암아 소경의 눈을 뜨게 합니다. 곧 마음의 영안이 열리게 되는 것입니다.

7. 병든 자를 고침 받게 해줍니다.

예수 그리스도는 죄로 말미암아 영혼이 병든 자를 죄에서 구원받게 합니다.

8. 죽은 자가 부활 되도록 인도해 줍니다.

예수 그리스도는 육신에 생각을 영에 생각으로 부활되도록 인도합니다.

9. 추한 자가 정함을 얻도록 인도해 줍니다.

예수 그리스도는 그리스도의 말씀으로 죄에서 구원받아 깨끗하게 해줍니다. 죄는 추한 것입니다.

10. 죽은 자에게 생명을 얻도록 인도해 줍니다.

예수 그리스도는 죽은 영혼이 생명을 얻도록 인도합니다.

11. 죄인들의 중보자가 됩니다.

예수 그리스도는 하나님의 입장을 사람들에게 전달하고 사람의 입장을 하나님께 전달하는 중보자입니다.

12. 멸망 받을 자를 구원합니다.

예수 그리스도는 죄로 말미암아 멸망 받을 자에게 구원받게 인도합니다.

7

노아를 구원시킨 방주

* **여호와께서 노아에게 이르시되 너와 네 온 집은 방주로 들어가라 네가 이 세대에 내 앞에서 의로움을 내가 보았노라**(창 7:1절).

노아가 들어간 방주는 그리스도 안입니다.

그리스도 안에 들어가면 구원을 받습니다.

노아가 120년 동안 방주를 지었다 함은 곧 그리스도에 대하여 성경 공부를 하여 율법의 완성인 사랑을 이루었다는 뜻입니다.

방주(그리스도)안에 들어가면 홍수에 멸망당하지 않고 살아나며 그는 의로운 사람이 됩니다.

그러나 홍수의 물을 마시면 영혼이 죽습니다.

곧 홍수의 물은 육신에 속하여 세상적이고 지식적이고 도덕적인 말씀입니다.

그러나 생수의 물은 영에 속한 신령한 그리스도에 대한 말씀입니다.

*** 썩을 양식을 위하여 일하지 말고 영생하도록 있는 양식을 위하여 하라**(요 6:27절).

오늘도 썩을 양식이 되는 홍수의 물을 마심으로 멸망당하는 자들이 많이 있음을 기억하여야 할 것입니다.

하나님의 말씀은 첫째날로부터 시작하여 마지막 일곱째 날에 거룩한 복을 받게 됩니다.

*** 하나님이 일곱째 날을 복 주사 거룩하게 하셨으니 이는 하나님이 그 창조하시며 만드시던 모든 일을 마치시고 이날에 안식하셨음이더라**(창 2:3절).

일곱째 날? 빛을 받기 시작한 첫째 날부터 시작하여 믿음의 과정을 거쳐 일곱째 날이 된 사람은 거룩한 복을 받아 안식하게 됩니다.

거룩한 복을 받고 안식할 수 있는 사람은 이제 스스로 그리스도의 사랑 안에서 자신을 관리하고 자족할 수 있는 능력을 가집니다.

*** 너희는 주께 받은바 기름부음이 너희 안에 거하나니 아무도 너희를 가르칠 필요 없고 오직 그의 기름부음이 모든 것을 너희에게 가르치며 또 참되고 거짓이 없으니 너희를 가르치신 그대로 주 안에 거하라**(요일 2:27절).

그러므로 기름부음을 받았으면 율법의 완성인 사랑을 이루게 됩니다.

*** 곧 창세전에 그리스도 안에서 우리를 택하사 우리로 사랑 안에서 그 앞에 거룩하고 흠 없게 하시려고**(엡 1:4절).

노아같이 120년 동안 방주를 짓고 그 안에 들어간 사람은 하나님을 사랑하며 이웃을 내 몸과 같이 사랑하며 살아갑니다.

기독교는 체험의 종교입니다.

그리스도께서 마음 안에 임하시는 순간 영혼이 살아나는 체험을 하게 되며 생육/ 번성/ 충만/ 정복/다스리는 복을 받을 때까지 주께로부터 인도받아 거룩한 왕 같은 제사장이 됩니다(창 1:28절 계 22:5절).

1) **생육의 복** : 생명의 말씀이 마음 밭에 뿌려진 것.

2) **번성의 복** : 생명의 말씀이 점점 마음 안에서 믿음으로 자라나는 것.

3) **충만의 복** : 그리스도로 말미암아 계시의 정신과 깨달음을 주시며 지혜와 지식으로 성령 충만한 자가 되는 것.

4) **정복의 복** : 그리스도의 지혜와 지식이 충만하면 할수록 내 안에 있는 세상적인 욕심 미움 질투 다툼과 같은 원수들을 넉넉히 이기는 것.

내 안에 있는 세상적인 원수는 육신의 생각입니다.

그리스도의 말씀은 육신에 생각을 영에 생각으로 바꿔 마음을 정복하고 다스림으로 생명과 평안으로 살아가도록 인도하십니다.

* **육신에 생각은 사망이요 영에 생각은 생명과 평안이니라**(롬 8:6절).

5) **다스림의 복** : 율법의 요구의 완성인 사랑을 이루어 왕 같은 제사장되어 죄에서 구원시키는 일을 합니다.

* **너희가 뉘 죄든지 사하면 사하여 질 것이요 너희가 뉘 죄든지 그대로 두면 그대로 있으리라**(요 20:22~23절).

다스릴 수 있는 사랑의 삶? 주가 내 안에 내가 주 안에 있음으로 생명과 평안으로 다스림의 복을 받아 하나님을 사랑하고 이웃을 내 몸과 같이 사랑하는 거룩하고 온전한 삶을 살게 됩니다.

마치 누에가 실을 뽑아 누에 꼬치 안에 들어가 자족하며 사는 것과 같습니다.

의인과 죄인의 차이는 순종하는 자에게는 쉬운 일이지만 불순종하는 자에게는 힘든 일입니다.

그리스도를 영접하여 믿음의 구원의 방주를 지으면 의인이 됩니다.

그러나 먹고 마시고 시집가고 장가가는 일을 함으로 그리스도에 대하여 무관심하면 구원받지 못한 죄인입니다.

그리스도는 구원에 주체가 되시고 핵심이 되시는 진리의 영이기 때문입니다.

그리스도는 성경에 기록된 하나님의 모든 말씀을 하나님의 뜻대로 조명해 주는 계시의 말씀입니다.

하나님의 말씀은 체험이 없는 사람으로써는 가히 짐작할 수 없이 넓고 깊고 길고 높은 기이한 영생의 말씀입니다.

> * **예수를 죽은 자 가운데서 살리신 이의 영이 너희 안에 거하시면 그리스도 예수를 죽은 자 가운데서 살리신 이가 너희 안에 거하시는 그의 영으로 말미암아 너희 죽을 몸도 살리시리라**(롬 8:11절).

하나님의 창조의 뜻과 목적을 이루기 위하여 반듯이 있어야 할 분이 있어야 할 곳에 있어야 합니다.

첫째 : 우리에게 있어야 할 분은 그리스도입니다.
둘째 : 그리스도께서 있어야 할 곳 우리의 마음입니다.
셋째 : 주는 내 안에 나는 주안에 서로 관계성을
가지고 있는 것입니다.

거룩한 말씀이 있어야 할 그 마음 안에 가증한 죄가 있는 사람은 혼돈하며 공허하고 흑 암이 깊음 위에 있는 어두운 사람입니다.

* **땅이 혼돈되고 공허하며 흑 암이 깊음 위에 있느니라** (창 1:2절).

* **멸망의 가증한 것이 거룩한 곳에 선 것을 보거든 읽는 자는 깨달을진저 그때에 유대에 있는 자들은 산으로 도망할 찌어다**(마 24:15절).

도망하여야 할 산? 사도바울과 같이 하나님의 말씀에 능한 자이며 하나님의 계시의 모든 비밀의 말씀을 맡은 차원 높은 신령한 목자를 상징한 말입니다.

이 세상에는 가증한 죄를 가지고 있는 죄인들이 도망하여야 할 높은 산이 이곳 저곳에 숨어 있습니다.

곧 그리스도에 대한 말씀으로 사랑을 가지고 있는 목자들입니다.

산이란? 육신에 눈으로 보이는 백두산 한라산이 아니라 영에 눈으로 보이는 하나님의 은혜와 진리가 충만한 목자라는 것을 깊이 생각하여야 합니다.

그러므로 거룩한 말씀이 있어야 할 그 마음 안에 가증한 죄가 있는 자는 빨리 산으로 도망쳐 죄 사함을 받고 구원을 받아야 합니다.

*** 너희가 뉘 죄든지 사하면 사하여 질 것이요 뉘 죄든지 그대로 두면 그대로 있으리라**(요 20:23절).

높은 산이 된 사람들은 주님의 생명과 평강을 가지고 하나님께 찬송과 영광을 돌리며 살아갑니다.

*** 그런즉 누구든지 그리스도 안에 있으면 새로운 피조물이라 이전 것은 지나갔으니 보라 새 것이 되었도다**(고후 5:17절).

노아가 이 세대에 하나님 앞에서 의롭다 함을 얻은 것은 율법 외에 하나님의 한 의로 나타나신 그리스도를 만났기 때문입니다.

그러므로 노아는 구원의 방주의 가치성을 알고 누가 비웃든 핍박하든 상관하지 아니하고 사람의 뜻을 따르지 아니하고 하나님의 의를 따라 홍수로 멸망당하지 않고 구원을 받았습니다.

그러나 하나님의 의를 따르지 않고 사람의 뜻을 따라 먹고 마시고 시집가고 장가가는 일에서 벗어나지 못한 백성들은 모두 홍수로 멸망당하고 말았습니다.

사람의 뜻을 따라 먹고 마시고 시집가고 장가가는 일을 행한 사람들은 진리의 성령을 받지 못한 육신에 속한 자입니다.

오늘도 이와 같이 육신에 속한 자들은 멸망할 홍수의 물을 마시고 있습니다.

이 홍수의 물은 먹지 못할 썩을 양식입니다.

*** 썩을 양식을 위하여 일하지 말고 영생하도록 있는 양식을 위하여 하라**(요 6:27절).

오늘도 노아같이 방주 짓는 일에 충성을 다하는 자는 썩지 않을 생명의 물을 마시며 또 하나님을 만나고 있습니다.

그러므로 그리스도를 알기 위하여 시작은 미약하나 나중은 창대하도록 율법의 요구의 완성인 사랑이 이루어지기까지 몸과 마음과 성품과 뜻과 목숨까지 다 바쳐 그리스도에 대한 성경공부를 하여야 합니다.

> * **우리는 낮에 속하였으니 근신하여 믿음과 사랑의 흉배를 붙이고 구원의 소망의 투구를 쓰자 하나님이 우리를 세우심은 노하심에 이르게 하심이 아니요 오직 우리 주 예수 그리스도로 말미암아 구원을 얻게 하신 것이라**(살전 5:8~9절).

노아가 방주를 지은 120이라는 숫자는? 성령 충만함으로 거룩하고 완전한 믿음을 말하고 있습니다.

그러므로 120년 동안이란? 율법의 요구의 완성인 사랑이 이루어지도록 예수 그리스도로 말미암아 그리스도에 대하여 알아가는 과정의 기간이라 말할 수 있습니다.

노아는 120년 동안 방주를 지었으며 또 방주 안에 들어온 모든 식구와 짐승들까지 홍수에서 구원시킨 목자입니다.

노아도 방주를 짓기 전에는 다른 사람들과 똑같이 육신에 생각으로 성경을 보고 먹고 마시고 시집가고 장가가는 일로 바쁘게 육신에 속한 신앙생활 했던 사람이었습니다.

그런 노아를 하나님은 택하시고 먹고 마시고 시집가고 장가가는 곳을 떠나 구원의 방주를 지으라고 명령하셨던 것입니다.

먹고 마시고 시집가고 장가가고 하는 일은 곧 육신에 속한 말씀

을 전하는 곳입니다,

노아가 먹고 마시고 시집가고 장가가는 일에 매여 있어 도덕적인 의인으로 믿음생활을 하다가 이제 때가 차 매 주님의 음성을 듣고 그곳을 떠나 방주를 짓도록 택함 받은 사람이 되었습니다.

오늘도 구원에 방주가 되는 그리스도 안으로 들어오면 죄에서 구원받아 자유함을 누리며 생명과 평안으로 살지만 방주밖에 있으면 구원받지 못하여 홍수로 멸망을 당하고 있는 것입니다.

그러므로 누구든지 죄에서 구원받으려면 구원의 방주를 짓고 방주 안으로 들어와야 합니다.

> * **그러므로 에덴동산 안에 있는 선악을 알게 하는 나무의 실과는 먹지 말라 네가 먹는 날에는 정녕 죽으리라**(창 2:17절).

선악을 알게 하는 나무의 열매란? 그리스도에 대하여 말하지 못하는 거짓목자의 말입니다.

> * **예수께서 이르시되 여우도 굴이 있고 공중에 새도 거처 있으되 오직 인자는 머리 둘 곳이 없다 하시더라**(마 8:20절).

여우와 공중에 나는 새는 육신에 생각으로 하나님의 말씀을 전하는 거짓목자입니다.

여우와 공중에 나는 새가 말을 하면 그의 말은 듣는 굴과 집이 있습니다.

여우의 굴과 공중의 나는 새의 집은 그를 따르는 성도의 마음입니다.

그러나 주께서 말씀하시는 인자는 머리 둘 곳이 없습니다.
머리란? 그리스도입니다.
머리 둘 곳이 없다 란? 그리스도에 대한 말씀을 하실 때 듣는 자가 없다는 뜻입니다.
성경에 기록된 하나님의 모든 말씀은 우리가 세상을 살아가는데 지식적이고 예화적인 참고서가 아닙니다.
오직 죽은 영혼을 다시 살리시는 영혼에 대한 양식이며 죄에서 구원시키는 구원의 책이요 율법이 이루어지는 사랑의 책입니다.
사랑을 이루게 되면 세상 살아가는 데에도 생명과 평안한 마음으로 서두르지 않고 지혜롭게 살아갑니다.
그러므로 하나님의 생명의 말씀을 육신의 생각으로 육신에 속한 말씀이 전파되었다면 그 말씀은 영혼을 구원할 영에 양식이 아니라 세상적이고 도덕적인 지식과 일반적 상식이 될 뿐입니다.
이것이 곧 선악과나무열매를 먹는 것입니다.
오늘날 기독교인들의 문제는 율법을 이루려는 수고와 희생은 하지 않고 율법을 지키는 도덕적인 의인이 되려고 애를 씁니다.
그러나 하나님께서 원하시는 의인은 도덕적인 의인이 아니라 영적인 의인을 찾고 계십니다.
욥도 하나님의 말씀을 귀로만 들었을 때에는 당대에 도덕적인 의인이었습니다.
그러나 욥기서 42:5절에 와서야 비로소 주를 눈으로 봅니다 라고 고백하였습니다.
욥이 귀로만 주의 말씀을 듣나이다 라고 고백할 때에는 썩을 양식인지 썩지 아니할 양식인지 분별력이 없는 병든 자였습니다. 그러나 이제 눈으로 주를 뵈옵나이다 라고 고백하게 된 것은 영생하도록 있는 썩지 않을 양식을 먹음으로 그를 가리고 있던 비늘이 눈에서 떨어짐으로 자신이 믿음생활을 잘 못하고 있었다는 자기의 정체성을 깨닫게 된 것입니다.

오늘도 죄에서 구원받은 자는 생명의 말씀에 관하여 듣고 눈으로 보고 주목하고 손으로 만지게 됩니다(요일 1:1절).

하나님은 모든 믿음의 사람들이 먼저 그의 나라와 그의 의를 구하여 율법이 이루어지게 함으로써 영적인 의인이 되기를 원하십니다.

> * **육에 속한 사람은 하나님의 성령의 일을 받지 아니하나니 저희에게는 미련하게 보임이요 또 깨닫지도 못하나니 이런 일은 영적으로라야 분별하느니라 신령한 자는 모든 것을 판단하나 자기는 아무에게도 판단 받지 아니하리라**(고전 2:14~15절).
> * **만일 우리가 그의 죽으심을 본받아 연합한 자가 되었으면 또한 그의 부활을 본받아 연합한 자가 되리라**(롬 6:5절).

오늘 우리는 예수님의 죽으심을 본받아야 할 것이며 예수 그리스도의 부활도 본받아야 합니다.

> * **살리는 것은 영이니 육은 무익하니라. 내가 너희에게 이른 말이 영이요 생명이라. 그러나 너희 중에 믿지 아니하는 자들이 있느니라**(요 6:63~64절).

부활이란? 일어나다. 회복되다. 거듭나다. 새로 태어남의 뜻을 가지고 있습니다.

> * **죽은 예수를 다시 살리신 이의 영이 죽은 너희도 다시 살리시고 너희 안에 거하시는 그의 영으로 말미암아 죽을 몸도 살리시리라**(롬 8:11절).

그러므로 육신에 생각은 예수님과 같이 십자가에 달려 죽여야 합니다.

그리고 영에 생각으로 삼일 만에 그리스도와 함께 다시 살아나야 합니다.

의인은 믿음으로 사는 자들이며 믿음은 보이는 것이 아니라 보이지 않는 그리스도의 믿음으로 이루어진 확신입니다.

오늘도 많은 사람들이 예수님이 마치 사람의 눈으로 볼 수 있게 흰 옷 입고 하얀 수염 휘날리며 저 높은 하늘이라는 구름 속에서 나팔 불며 나타날 것을 믿고 기다리고 있으며 그때 또 무덤속에 있던 죽은 자들이 벌떡 벌떡 몸이 다시 살아나 부활되어 하늘로 승천하는 양 착각속에서 기대와 소망을 가지고 끝까지 기다리며 신앙생활하고 있습니다.

이들은 성경말씀에 신들 메를 감당하지 못하는 육신에 속한 자입니다.

믿음은 사람의 눈으로 볼 수 있는 것이 아닙니다.

영에 눈으로만 볼 수 있는 마음 안에 있는 그리스도입니다.

> * **우리가 그리스도의 마음을 가졌느니라**(고전 2:16절하).
>
> * **만일 너희 속에 하나님의 영이 거하시면 너희가 육신**

에 있지 아니하고 영에 있나니 누구든지 그리스도의 영이 없으면 그리스도의 사람이 아니라 또 그리스도께서 너희 안에 계시면 몸은 죄로 인하여 죽은 것이나 영은 의를 인하여 산 것이니라(롬 8:9~10절).

그러므로 하나님께서 찾고 계신 믿음은 자기 믿음이 아니라 그리스도의 믿음입니다.

* **오직 의인은 믿음으로 말미암아 살리라**(롬 1:17절하).

그리스도의 믿음은 마음 안에서 역사하시는 체험과 확신입니다.

* **그러므로 만일 죽은 자가 다시 사는 것이 없으면 그리스도도 다시 사신 것이 없을 터이요 그리스도께서 다시 사신 것이 없으면 너희의 믿음도 헛되고 너희가 여전히 죄 가운데 있을 것이니라**(고전 15:16~17절).

그러므로 부활은 몸이 다시 살아나는 것이 아니라 죽었던 영혼이 다시 살아나는 것입니다.

이제 산영을 가진 자는 그리스도 안에서 살려주는 영을 가짐으로 율법의 마침이 되고 율법의 마침이 된 자는 죄가 그치고 죄가 그침으로 영으로는 하나님처럼 살게 됩니다(롬 10:4절 벧전 4:1, 6절).

율법을 마침으로 율법의 완성인 사랑을 이루어 영혼이 거룩하고 완전하며 생명과 평안인 안식을 누리는 복을 받는 자가 되어야 할 것입니다(롬 13:10절 창 2:3절).

* **믿음은 바라는 것들의 실상이요 보지 못하는 것들의 증거니**(히 11:1절).

귀 있는 자들은 성령이 교회들에게 하시는 말씀을 들을지어다.

8

온전한 사람

*** 우리가 다 실수가 많으니 만일 말에 실수가 없는 자면 곧 온전한 사람이라**(약 3:2절).

말에 실수 없는 자면 온전한 사람? 율법의 완성인 사랑으로 이루어진 사람이 복음을 전하면 그 말은 거짓이 아니기 때문에 말에 실수하지 않는 사람입니다.

말에 실수하지 않는 사람은 하나님의 말씀과 일치된 영에 생각을 가진 사람입니다.

말에 실수하는 사람? 그리스도에 대하여 알지 못함으로 그리스도에 대하여 말씀을 전하지 못하기 때문에 말에 실수하는 사람입니다.

이는 하나님의 말씀과 일치되지 않는 육신에 생각을 가진 사람입니다.

그러므로 그리스도에 대하여 모르는 사람은 그 누구를 막론하고 말에 실수하는 사람이니 하나님 앞에서나 사람 앞에서 잠잠하여야 할 여자들입니다.

여자란? 그리스도에 대하여 알지 못함으로 죄에서 구원받지 못한 죄인입니다.

* **여자는 교회에서 잠잠하라**(고전 14:34절중).

여자란 생명의 말씀의 씨를 받지 못한 밭입니다.

* **너희는 하나님의 밭이요 하나님의 집이니라**(고전 3:9절).

여자의 마음의 밭에 하나님의 생명의 말씀의 씨가 떨어지면 그 여자의 마음 밭은 하나님께서 함께하시는 하나님의 집이 됩니다.

그러므로 예수 그리스도로 말미암아 그리스도를 영접할 때 여자라는 마음 밭에 생명 말씀의 씨가 떨어집니다.

예수님도 마리아 여자의 몸에서 성령으로 잉태되어 태어나신 분입니다.

말씀의 생명 씨가 여자의 밭에 떨어지고 싹이 나고 자라서 사랑의 열매를 맺으면 그 여자는 영적으로 성숙한 말씀의 생명 씨를 가진 남자가 됩니다.

남자가 되었으니 그때서야 비로소 입을 열어 가라사대 복음을 전하면 말에 실수하지 않는 사람이 됩니다.

남자 안에 있는 말씀의 생명 씨는 그리스도(진리의 성령)입니다.

여자 안에 있는 말씀의 생명 씨는 남자로부터 받은 그리스도입니다.

그리스도 안에 있는 말씀의 생명 씨는 하나님으로부터 온 것입니다.

* **각 남자의 머리는 그리스도요 여자의 머리는 남자요**

그리스도의 머리는 하나님이시니라(고전 11:3절).

* **아내들아 남편에게 복종하라 이는 주안에서 마땅하니라 남편들아 아내를 사랑하며 괴롭게 하지 말라**(골 3:18~19절).

아내는 남편에게 복종하여야 말씀의 생명의 씨를 받을 수 있습니다.

만약 아내가 남편에게 복종하지 않으면 그는 남편을 무시하고 성령을 훼방하며 핍박하는 것임으로 말씀의 생명 씨를 뿌릴 수도 없고 받을 수도 없는 가시 밭입니다.

복종하는 마음이란? 남편이 뿌리는 생명의 말씀을 받는 좋은 마음의 밭입니다.

또 남편들은 아내를 괴롭게 하지 말아야 합니다.

죄가 있으면 괴로운 것입니다.

아내를 괴롭게 하는 남편은 그리스도의 믿음을 가진 자가 아니라 자신도 구원 받지 못하고 또 아내도 구원시키지 못하는 남편 노릇만 하는 목자입니다.

그러므로 남편은 반듯이 아내를 괴롭게 하지 말고 그리스도의 믿음으로 죄를 사해주는 온전한 남편이 되어야 합니다.

아내가 괴롭다는 것은 그 아내는 아직도 죄 사함을 받지 못하였다는 증거입니다.

그러므로 아내는 반듯이 남편에게 복종하여 죄 사함을 받아야 합니다.

그리스도의 믿음을 가진 남편은 누구의 죄라도 사해 줄 수 있습니다.

*** 너희가 뉘 죄든지 사하면 사하여 질 것이요 뉘 죄든지 그대로 두면 그대로 있으리라**(요 20:23절).

오늘도 잠잠하여야 할 여자가 하나님의 말씀을 전하면 죄에서 구원을 시킬 수 없습니다.

그리스도에 대하여 알지 못하는 여자가 성도들을 이끌면 하나님의 약속의 젖과 꿀이 넘치는 가나안 땅에 들어가지 못한 채 광야에서 계속 헤매다 죽고 말 것입니다.

그러므로 신실한 성도가 되려면 예수님에 대하여 알아야 되는 것은 물론이거니와 또 죽었다가 다시 삼일 만에 살아나 부활하신 예수 그리스도에 대하여 알아야 합니다.

*** 영생은 곧 참 하나님과 그의 보내신 자 예수 그리스도를 아는 것이니라**(요 17:3절).

그러므로 말에 실수하지 않는 참 목자는 생명의 성령의 법이 죄와 사망의 법에서 해방된 자이며 해방된 목자는 남의 죄까지 구원시켜 주는 사람입니다.

여자란? 누구를 막론하고 죄와 사망의 법 안에 갇혀있는 자입니다.

남자란? 누구를 막론하고 생명의 성령의 법이 죄와 사망의 법에서 해방된 자입니다.

죄에서 해방된 자를 가리켜 거룩하고 온전한 십사만 사천이라 합니다.

오늘도 사람의 눈으로 볼 때 강단에 서서 설교하는 사람은 분명히 남자인데 그가 그리스도에 대하여 모르는 목자라면 영의 눈으로 볼 때 그는 잠잠하여야 할 여자입니다.
오늘도 말씀의 생명 씨를 가지지 못한 여자가 복음을 전파하기 때문에 말에 실수하고 있는 것입니다.
말에 실수를 함으로 잠잠하여야 할 여자는 예수님과 예수 그리스도에 대하여 분별하지 못하고 육신에 생각으로 하나님에 대한 복음을 전파하는 자입니다.
그러므로 말에 실수하는 사람은 하나님의 말씀과 일치가 되지 못함으로 그 여자의 이름은 생명책에 기록될 수 없습니다.
성경에서 말씀하시는 말에 실수한다는 뜻은 도덕적이나 윤리적이나 세상적인 말에 실수하는 것을 가리키는 것이 아니라 하나님께서 비밀로 감춰 놓으신 그리스도를 알지 못한 상태에서 복음을 전파하는 것을 가리키는 말입니다.
사람은 누구든지 세상 살아가면서 도덕적 윤리적 세상적 인간적인 말은 실수합니다.
누가 더 많이 실수 하느냐 적게 실수 하느냐 뿐입니다.
오늘 하나님께서 찾으시는 말에 실수하지 않는 사람은 도덕적인 윤리적으로 말에 실수 하지 않는 의인을 찾는 분이 아니라 생명의 말씀에 실수하지 않는 영에 속한 의인을 찾고 계십니다.

> * **다른 복음은 없나니 다만 어떤 사람들이 너희를 요란케 하여그리스도의 복음을 변하려 함이라 그러나 우리나 하늘로부터 온 천사라도 우리가 너희에게 전한 복음 외에 다른 복음을 전하면 저주를 받을지니라**(갈 1:7~8절).

곧 그리스도의 복음을 전하면 복을 받고 그리스도가 빠진 다른 복음을 전하면 저주를 받게 됩니다.
성경 66권에 기록된 하나님의 말씀은 율법이 마침이 되고 율법의 완성인 사랑이 이루어지면 그 사람을 가리켜 사랑의 작은 책이라 말씀하십니다.

> * **내가 천사에게 나아가 작은 책을 달라한즉 천사가 가로되 갖다 먹어 버리라 내가 천사의 손에서 작은 책을 갖다 먹어 버리니**(계 10:9상~10절상).

이는 참 목자의 메세지를 듣고 그리스도의 믿음을 갖게 된 것이 곧 작은 책을 갔다 먹어버리는 것입니다.
작은 책은 율법의 완성인 사랑이 이루어진 자입니다.

> * **그러므로 하나님의 사랑이 없으면 아무 것도 아니요 아무 유익이 없느니라**(고전 13:1~3절).

창세기부터 계시록까지의 하나님의 말씀을 짜고 짜면 최고의 엑기스인 사랑만 남습니다.
창세기부터 요한계시록까지 영혼을 살리는 생명의 양식을 먹을 때 확실한 믿음의 결과로 나타나는 것은 곧 사랑입니다.
예를 든다면 한약을 달일 때 한약 재료를 이것 저것 많이 넣고 달이지만 맨 마지막에 남은 것은 엑기스 진액이 남는 것 같이 하나님의 말씀인 성경에 기록된 66권을 짜내고 짜내면 사랑만 남게 됩니다.
하나님의 사랑은 모든 시공간을 초월하시며 모든 상황을 초월하시는 넓고 높고 길고 깊은 말씀입니다.

하나님께서는 자연적 현상도 일방적으로 햇빛과 공기와 물을 누구에게든지 내려주시듯 하나님의 말씀도 예수 그리스도를 통하여 말씀하실 때 듣고 믿는 자들에게는 영혼에 양식이 창고에 차고 넘치도록 부어주십니다.

그러나 차고 넘치도록 부어주시는 영혼에 양식은 가만히 있어 먹을 수 있는 말씀이 아니라 주를 향하여 구하고 찾고 두드리는 자들에게만 열려지는 말씀입니다.

> * **구하라 그러면 너희에게 주실 것이요 찾으라 그러면 찾을 것이요 문을 두드리라 그리하면 너희에게 열릴 것이니**(마 7:7절).

광야에서 긴 장대에 놋 뱀을 달아놓고 그 놋 뱀을 바라보는 사람은 모두 살아났고 보지 않는 사람은 모두 죽었습니다.

바라보지 않고 죽은 사람은 요단강을 건너지 못하고 광야에서 죽은 모세와 60만 대군입니다.

그러나 장대에 매달린 놋뱀을 바라본 사람은 법궤를 앞세우고 요단강을 건너간 갈렙과 여호수아 몇 명 뿐이었습니다.

광야에서 놋 뱀을 들어올린 장대는 그리스도입니다.

장대에 높이 들린 놋 뱀은 죄 있는 자기자신입니다.

그러므로 그리스도로 말미암아 높이 달린 육신에 속한 자기자신을 바라보고 회개하여야 합니다.

장대에 매달린 사람은 그리스도에 대하여 알지 못하는 죄인입니다.

그리스도에 대하여 알고 하나님을 만나면 자기의 정체성을 볼 수 있습니다.

하나님의 말씀은 자기 자신을 볼 수 있는 거울이요 구원에 책입니다.

* **큰 용이 내어 쫓기니 옛 뱀이요 곧 마귀라고도 하고 사단이라고 하는 온 천하를 꾀는 자라**(계 12:9절상).

큰 용은 뱀이요 뱀은 사단 마귀요 마귀는 어두운 육신에 생각입니다.

육신에 생각은 하나님과 원수입니다.

그러므로 육신에 생각을 하는 마음 안에 있는 마귀 귀신은 그리스도만 영접하면 생명과 평안으로 바뀌집니다.

곧 어두움은 빛이 나타나면 사라집니다.

* **육신에 생각은 사망이요**(롬 8:6절).
* **죄를 짓는 자는 마귀에게 속하나니**(요일 3:8절).
* **너희는 너희 아비 마귀에게서 났으니 너희 아비의 욕심을 너희도 행하고자 하느니라**(요 8:44절상).

그러므로 그리스도를 영접하거나 영접하지 않는 것은 하나님께 책임이 있는 것이 아니라 본인 스스로에게 책임이 있음을 깨닫고 인생에 있어 최고로 해결하여야 할 구원 받는 문제는 자기자신이 책임져야 할 일입니다.

왜냐하면 하나님께서는 구원에 문을 다 열어 놓으셨기 때문입니다.

그러므로 그리스도에 대한 귀한 말씀을 받고 믿는 것은 모두 자기 의지이며 자기 스스로가 행하여야 할 자기의 몫입니다.

구하고 찾고 두드리는 문제는 누가 해 줄 수 있는 문제가 아닙니다.

자기 스스로 주를 향하여 해결하여야 할 영혼의 문제입니다.

* **자기 땅에 오매 자기 백성이 영접하지 아니하였으나 영접하는 자 곧 그 이름을 믿는 자들에게는 하나님의 자녀가 되는 권세를 주셨느니라**(요 1:11~12절).

귀 있는 자들은 성령이 교회들에게 하시는 말씀을 들을지어다.

9

소경이 눈을 뜨다

*** 예수께서 길 가실 때에 날 때부터 소경 된 사람을 보신 지라 제자들이 물어 가로되 랍비여 이 사람이 소경으로 난 것이 뉘 죄로 인함입니까?**

자기입니까? 아니면 그 부모입니까?

예수께서 대답하시되 이 사람이나 그 부모가 죄를 범한 것이 아니라 그에게서 하나님의 하시는 일을 나타내고자 하심이니라(요 9:1~3절).

하나님의 하시는 일을 나타내는 일이 무엇일까요?

예수 그리스도로 말미암아 그리스도를 믿음으로써 소경의 눈에서 비듬이 떨어짐으로 영안이 열리는 일입니다.

소경이 눈을 뜰 때 눈을 뜬 자는 하나님께 영광을 돌립니다.

날 때부터 소경 된 사람이란? 교회를 다닐 때부터 율법을 지킴으로 그리스도에 대하여 알지 못하여 영에 눈이 떠지지 않은 상태의 사람입니다.

소경이 눈을 뜰 수 있는 방법? 오직 예수 그리스도를 만남으로 그리스도에 대한 복음을 듣고 믿는 일입니다.

소경이 눈을 뜰 수 있게 역사하시는 주체의 핵심은 그리스도입니다.

우리도 예수 그리스도로 말미암아 그리스도를 만나기 전에는 교회를 다니면서 신앙생활 할지라도 모두 소경이었습니다.

소경은 영혼이 구원받지 못한 죽은 자입니다.

* **한번 죽는 것은 사람에게 정한 것이요**(히 9:27절).

사람은 누구든지 엄마뱃속에서 10개월 있다가 세상에 태어날 때 그리스도의 영과 함께 태어나지 못함으로 한번 죽은 죄인으로 태어나는 것이 하나님의 정한 이치입니다.

그러나 자라나는 과정에서 죄인이 하나님께서 보내신 예수 그리스도를 만남으로 그리스도에 대한 말씀을 듣고 영접함으로 구원받아 의인되어 하나님께 영광 돌리게 됩니다.

그러므로 세상 살아가면서 신앙생활 하는 것은 최고로 중요하고 귀한 일입니다.

죄인이 새 사람이 되기 위하여 생육/번성/충만/정복/다스림의 5가지 복 받아 누리며 왕 같은 족속이요 거룩한 제사장이요 살렘왕 곧 평강의 왕이 됩니다.

눈을 소경으로 만든 비듬은 죄입니다.

예수님을 핍박하던 사울의 눈에서 비듬이 떨어짐으로 바울이 된 사실은 그리스도 때문입니다.

하나님은 그리스도의 지혜와 계시의 정신을 모든 백성들이 받아 누리기를 원하십니다.

* **조금 있으면 너희가 나를 보지 못하겠고 조금 있으면 나를 보리라**(요 16:16절).

예수께서 조금 있으면 나를 보지 못하겠다는 뜻? 십자가에 달려 죽으실 것을 말씀하셨습니다.

또 조금 있으면 나를 보리라는 뜻? 삼일 만에 다시 살아나 예수 그리스도의 이름으로 부활되어 오신다는 뜻입니다.

예수님은 오래 지체치 않고 반듯이 삼일 만에 부활하여 나타나셨습니다.

예수께서 비유로 말씀하실 때는 영혼을 살리지 못하셨습니다.

그러나 죽었다가 삼일 만에 다시 살아났을 때는 죽은 영혼을 살리셨습니다.

죽은 영혼을 다시 살리셨다 함은 곧 죄에서 구원시킨 것입니다.

* **그러나 먼저는 신령한 자가 아니요 육 있는 자요 그 다음에 신령한 자니라**(고전 15:46절).

예수께서 비유로 말씀하실 때에는 신령한 말씀이 아니라 육신에 속한 말씀이었기에 먼저는 신령한 자가 아니요 육 있는 자라 말씀하신 것입니다.

그러나 죽었다가 다시 살아 부활되어 실상을 말씀하실 때에는 영에 속한 신령한 말씀을 하신 예수 그리스도이기 때문에 그 다음에 신령한 자니라 말씀하신 것입니다.

그러므로 예수님께서 내가 속히 다시 오마 약속하고 떠나가셨고 약속대로 다시 오신 분은 예수 그리스도입니다.

예수의 이름은 비유로 말씀하여 십자가에 달려 반듯이 죽으실 분이요 예수 그리스도의 이름은 다시 살아오심으로 우리와 영원히 임마누엘 하실 그리스도에 대하여 말씀을 하신 분입니다.

귀 있는 자는 성령이 교회들에게 하시는 말씀을 들을지니라.

10

예수와 예수 그리스도의 차이점

* **곧 사람이신 그리스도 예수라**(딤전 2:5절하).

육신에 몸을 입고 사람의 모양으로 오신 예수님이 죽었다가 다시 살아나 그리스도와 함께 신령한 몸을 입고 나타나신 이는 예수 그리스도입니다.

육신에 몸이란? 보혜사와 함께 비유의 말씀을 하시면서 육신에 눈으로도 볼 수 있는 기적과 표적을 나타내신 예수님입니다.

신령한 몸이란? 다른보혜사(진리의성령)와 함께 그리스도에 대한 말씀을 하시면서 영안으로만 볼 수 있는 부활의 표적을 나타내신 예수 그리스도입니다.

하나님께서 먼저 몸을 입은 예수를 육신에 모양으로 보내어 비유로 말씀하게 하시다가 때가 차매 십자가에 달려 죽게 하셨고 죽은 지 삼일 만에 그리스도와 함께 다시 살아나 부활하게 하시어 신령한 몸을 입은 예수 그리스도로 말미암아 이루어질 실상의 말씀을 하도록 보내셨습니다.

예수 : 십자가에 달려 돌아가시기 전 비유로 말씀을 하신 이름.

예수 그리스도 : 죽은지 삼일 만에 부활하여 실상의 말씀을 하신 이름.

*** 믿음은 바라는 것들의 실상(그리스도)이요**(히 11:1절).

삼일 만에 부활?

- 하루 : 모세로부터 율법을 지키게 하는 말씀을 듣는 시기.
- 이틀 : 예수님으로부터 비유의 말씀을 듣고 은혜 받는 시기.

*** 예수께서 다시 비유로 대답하여 가라사대**(마 22:1절).

*** 저희가 예수의 이 비유는 자기들을 가리켜 말씀하신 줄 알고 잡고자 하되 무리를 두려워하여 예수를 버려 두고 가니라**(막 12:12절).

- 삼일 : 예수 그리스도로 말미암아 그리스도에 대한 말씀을 듣는 시기.

*** 그리스도는 모든 믿는 자에게 의를 이루기 위하여 율법의 마침이 되시니라**(롬 10:4절).

그러므로 누구든지 하루, 이틀, 삼일을 거친 사실이 없으면 부활에 대한 말씀을 논할 수 없으며 율법의 완성인 사랑을 이루는 말씀을 전할 수 없습니다.

*** 그러하나 내가 너희에게 실상을 말하노니 내가 떠나는 것이 너희에게 유익이라**(요 16:7절상).

율법이 마침이 되고 하나님의 사랑이 이루어지는 것은 예수께서 비유의 말씀을 하실 때 이루어지는 것이 아니라 예수 그리스도께서 실상의 말씀을 하실 때 이루어집니다.

율법이 마침이 되어야 하나님의 사랑이 이루어집니다.
참 회개란? 비유의 말씀을 듣다가 실상으로 이루어지는 그리스도의 말씀을 듣는 것입니다.
곧 회개는 선악과나무열매를 먹다가 생명나무열매로 양식을 바꾸는 것입니다.
그래서 비유의 말씀을 하신 예수님은 반듯이 십자가에 달려 죽어야 할 분이고 실상을 말씀하실 예수 그리스도는 삼일 만에 다시 살아나야 할 분입니다.
그러므로 하나님께서 우리 믿는 자들이 본받을 수 있는 예수님과 예수 그리스도를 보내주신 것입니다.

> * **그러므로 먼저는 신령한 자가 아니요 육 있는 자요 그 다음에 신령한 자니라**(고전 15:46절).

육 있는 자란? 비유의 말씀을 하신 예수님입니다.
신령한 자란? 실상을 말씀하신 예수 그리스도입니다.
그러므로 오늘 영혼을 구원시키기 위하여 먹고 있는 양식이 선악과나무열매를 먹고 있는지 생명나무열매를 먹고 있는지 분별하여야 합니다.

> * **너희가 천기는 분별할 줄 알면서 시대의 표적은 분별할 수 없느냐**(마 16:3절).

그러므로 오늘 자기의 시대가 어느 때인지 알아 구원의 복음을 듣고 영생을 얻어야 할 것입니다.

> * **사랑하는 자들아 영을 다 믿지 말고 오직 영들이 하나님께 속하였나 시험하라 많은 거짓선지자가 세상에**

나왔음이니라(요일 4:1절).

죄인과 의인의 차이는 먹고 마시는 양식에 달려 있습니다.

거짓선지자로 말미암아 선악과나무열매를 먹으면 죄인이고 참 선지자로 말미암아 생명나무열매를 먹으면 의인입니다.

* **죄인이 의인의 회중에 들지 못하느니라**(시 1:5절).

이제 죄 사함을 받은 의인이 된 자는 남의 죄까지 구원시킬 능력과 권세를 받게 됩니다.

구원시킬 능력과 권세를 받은 사람은 주기도문의 기도와 같이 우리가 우리에게 죄 지은 자를 사하여 줄 수 있습니다.

* **또 너희가 뉘 죄든지 사하면 사하여 질 것이요 너희가 뉘 죄든지 그대로 두면 그대로 있으리라**(요 20:23절).

* **율법은 모세로 말미암아 주신 것이요 은혜와 진리는 예수 그리스도로 말미암아 온 것이라**(요 1:17절).

모세로 말미암아 주신 것은 율법을 지키게 하는 보혜사(성령)입니다.

보혜사성령은 율법을 지키는 사람이 받을 수 있습니다.

그러나 예수 그리스도로 말미암아 온 진리의 성령(그리스도)은 영접하는 자에게 임하여 율법이 마침 되게 하시며 실상으로 이루어집니다.

진리의 성령은 아무나 누구나 다 받을 수 있는 성령이 아니라 택함을 입은 자들만 받을 수 있는 특권입니다.

왜냐하면 청함만 받고 택함을 받지 못한 자들은 듣기는 들어도 깨닫지 못하며 보기는 보아도 알지 못하기 때문입니다.

* **너희가 듣기는 들어도 깨닫지 못 할 것이요 보기는 보아도 알지 못하리라**(마 13:14절).
* **너희 보는 이것들이 날이 이르면 돌 하나도 돌 위에 남지 않고 다 무너지게 하리라**(눅 21:6절).

날이 이르면 다 무너지리라? 죽었다가 다시 살아 부활하신 예수 그리스도께서 나타나시면 비유의 말씀으로 세워진 자기 믿음이 다 무너질 것이라는 뜻입니다.

왜냐하면 비유의 말씀으로 세워진 믿음은 실상으로 이루어질 믿음이 오면 사라지는 믿음입니다.

곧 어두움은 빛이 나타나면 사라집니다.

베드로가 얕은 물가에서 밤이 맞도록 고기를 잡았으나 한 마리도 잡지 못할 때는 예수님으로부터 비유의 말씀을 듣고 세워진 믿음입니다.

그러나 깊은 데로 들어가 큰 고기153마리를 잡았을 때는 죽었다가 다시 살아나 부활하여 오신 예수 그리스도의 말씀을 들을 때입니다.

그러므로 초림으로 오셔서 비유의 말씀을 하신 예수님과 재림으로 오셔서 실상을 말씀하신 주 예수 그리스도에 대하여 자세히 연구하고 살펴보아야 합니다.

* **믿음은 들음에서 나며 들음은 그리스도의 말씀으로 말미암느니라**(롬 10:17절).

다시 살아 재림으로 오신 예수 그리스도는 진리의 성령과 함께 구름타고 오셨습니다.

구름은 비요 비는 하나님의 말씀입니다.

* **그러므로 내가 사람의 방언과 천사의 말을 할지라도 사랑이 없으면 소리나는 구리와 울리는 꽹과리가 되고 내가 예언하는 능이 있어 모든 비밀과 모든 지식을 알고 또 산을 옮길 만한 모든 믿음이 있을지라도 사랑이 없으면 내가 아무것도 아니요 내가 내게 있는 모든 것으로 구제하고 또 내 몸을 불사르게 내어 줄지라도 사랑이 없으면 내게 아무 유익이 없느니라**(고전 13:2절하~3절하).

예수 그리스도로 말미암아 듣는 그리스도의 말씀은 율법의 완성인 사랑을 이루는 말씀입니다.

그러므로 다시 오신 재림의 주를 만나지 못한다면 그는 아버지의 사랑을 이룰 수 없습니다.

재림 주로 오신 예수 그리스도를 만나는 시기는 각 사람의 믿음에 따라 다르게 나타납니다.

* **오직 의인은 믿음으로 말미암아 살리라 함과 같으니라**(롬 1:17절).

* **믿음은 바라는 것들의 실상이요 보지 못하는 것들의 증거니**(히 11:1절).

믿음은 육신에 눈으로 보이는 것이 아니라 영으로 깨닫고 마음 안에서 믿어지는 확신입니다.

죄에서 구원받지 못하였을 때에는 멀리 계셨던 하나님이 예수 그리스도로 말미암아 그리스도를 영접할 때는 내 마음과 입에 계신 하나님입니다.

하나님을 마음으로 모실 수 있는 방법은? 예수 그리스도를 통하여만 모실 수 있습니다.

그러므로 예수 그리스도로 말미암지 않고는 아버지께로 올 자가 없습니다.

십자가에 달려 죽었다가 삼일 만에 다시 살아나신 예수 그리스도와 그리스도에 대하여 모른다면 천국에 대한 꿈은 아예 꾸지 말아야 합니다.

초림으로 예수님이 오셨고 이미 재림으로 예수 그리스도께서 진리의 성령 곧 그리스도와 함께 오셨다는 사실을 잊지 말아야 합니다.

예수 그리스도로 말미암아 그리스도를 만나는 날은 은혜받고 죄에서 구원받는 날입니다.

* **보라 지금은 은혜 받은 만한 때요 보라 지금은 구원의 날이로다**(고후 6:2절).
* **누구든지 그리스도의 영이 없으면 그리스도의 사람이 아니니라**(롬 8:9절).

오늘날 많은 사람들이 입술로는 하나님을 사랑하고 믿노라 하면서 예수와 함께 죽지 않기 때문에 예수 그리스도를 만나지 못합니다.

왜 그럴까요?

이는 자기를 사랑하며 십자가에 죽지 않으려는 욕심 때문입니다.

* **욕심이 잉태한 즉 죄를 낳고 죄가 장성한 즉 사망을**

낳느니라(약 1:15절).

* **선생님이여 우리에게 표적보여 주시기를 원하나이다 예수께서 대답하여 가라사대 악하고 음란한 세대가 표적을 구하나 선지자 요나의 표적밖에는 보일 표적이 없느니라**(마 38절하~39절).

악하고 음란한 세대가 구하는 표적은 육안으로 보이는 기적과 표적을 구하는 것입니다.

그러나 신령한 자들이 구하는 표적은 영안으로만 볼 수 있는 요나의 부활의 표적입니다.

* **오직 의인은 믿음으로 말미암아 살리라 함과 같으니라**(롬 1:17절).

우리가 영생을 얻고 영원한 천국생활을 할 수 있는 것은 예수 그리스도로 말미암아 그리스도를 얻는 길입니다.

그리스도를 얻는 통로는 예수님이 아니라 죽었다가 다시 살아나신 예수 그리스도입니다.

* **예수 그리스도를 아는 것이니라**(요 17:3절하).

그리하면 예수 그리스도를 만나도록 하나님께서 복된 길로 인도하실 것이며 눈을 가렸던 죄라는 비듬이 떨어질 것입니다.

그리하면 예수 그리스도를 만나도록 하나님께서 복된 길로 인도하실 것이며 눈을 가렸던 죄라는 비듬이 떨어질 것입니다.

이때를 감지 할 수 있도록 항상 깨어있어야 할 것이며 영에 귀와 눈의 주파수를 주님을 향하여 열어 놓아야 할 것입니다.

귀 있는 자들은 성령이 교회들에게 하시는 말씀을 들을 지어다.

11

산영과 살려주는 영

* **기록된 바 첫 사람 아담은 산 영이 되었다 함과 같이 마지막 아담은 살려주는 영이 되었나니**(고전 15:45절).

* **곧 사람이신 그리스도 예수라**(딤전 2:5절하).

아담이란? 사람이란 뜻입니다.

사람안에 하나님의 그리스도의 영이 거하시느냐 사람안에 악한 영이 거하느냐에 따라 그 아담(사람)은 다르게 됩니다.

첫 사람 아담(산영)과 마지막으로 오신 아담(살려주는 영)은 영을 가진 사람입니다.

* **내가 너희를 신이라 하였노라 하지 아니하였느냐 성경은 폐하지 못하나니 하나님의 말씀을 받은 사람들을 신이라 하였거든**(요 10:34하~35절).

그러므로 사람이신 그리스도 예수를 깊이 또 깊이 생각하여야 합니다.

* **그러나 먼저는 신령한 자가 아니요 육 있는 자요 그**

다음에 신령한 자니라(고전15:46절).

첫째 아담은 산영을 가지고 비유의 말씀을 전하신 예수님입니다.

* **그러므로 내가 저희에게 비유의 말하기는 저희가 보아도 보지 못하며 들어도 듣지 못하며 깨닫지 못함이니라**(마 13:13절).

그러나 둘째 마지막 아담으로 살려주는 영을 가지고 오신 예수 그리스도는 죽었다가 다시 살아나 실상으로 이루어지는 말씀을 전하신 분입니다.

오늘도 비유의 말씀을 들음으로 사람의 뜻을 따라 난 자들이 먹는 양식은 선악과나무열매이며 실상의 말씀을 들음으로 하나님의 뜻을 따라 난 자들이 먹는 양식은 생명나무열매입니다.

선악과나무는 산영을 가진 비유의 말씀을 하시는 육신에 속한 자요 생명나무는 살려주는 영을 가진 실상의 말씀을 하시는 영에 속한 자입니다.

그러므로 오늘도 비유로 말씀하는 자는 예수와 함께 십자가에 달려 죽어야 합니다.

그리고 죽었다가 다시 예수 그리스도로 말미암아 그리스도와 함께 살아나야 합니다.

하나님은 산영을 가진 육신에 속한 사람을 무시하여 완전히 타락시키는 분이 아니라 그를 어느기간 동안 죄 아래 가둬 놓았다가 때가 차 매 살려 주는 영을 가진 생명나무열매를 먹이는 예수 그리스도를 만나게 함으로 죽은 영혼을 다시 살려 부활시켜주십니다.

하나님은 처음부터 신령한 자가 되도록 인도하시지 않으시고 산영과 함께 육신에 속한 자로 만드셨다가 그 다음에 살려주는 영과 함께 신령한 자로 옷 입혀 주십니다.
하나님은 오늘도 손으로 지은 큰 교회 다니느냐 작은 교회 다니느냐 관심 없으시며 물으시지 아니하시고 따지지도 않으십니다.
다만 한 영혼이라도 죄에서 구원시켜 하나님의 백성이 되도록 인도하는 그리스도의 종이냐 아니면 불법을 행하는 사람의 종이냐를 말씀하십니다.
사람의 뜻으로 난 종들은 안목의 정욕과 육신의 정욕과 이생의 자랑으로 산영과 함께 죽은 하나님의 말씀을 전합니다.

> * **네가 살았다 하는 이름은 가졌으나 죽은 자로다**(계 3:1절).

죽은 자는 영에 속한 자가 아니요 육신에 속한 자입니다.
그러므로 육신에 속한 죽은 자는 죄와 사망에 법에 매여 있는 자요 영에 속한 그리스도의 사람은 생명의 성령의 법이 죄와 사망의 법에서 해방된 자입니다.

> * **너희가 천기는 분별할 줄 알면서 시대의 표적은 분별할 수 없느냐**(마 16:3절).

육신에 속한 산영을 가진 자들은 천기는 분별할 줄 알면서 시대의 표적은 분별할 줄 모르는 자입니다.
그러나 살려주는 영을 가진 자들은 천기도 분별하거니와 시대의 표적을 분별합니다.
죄인이 구원받아 거룩하고 온전한 자가 되려면? 반듯이 세 가지의 때를 거처야 합니다.

모세의 때 : 율법을 지킬 때입니다(보혜사/성령).
예수의 때 : 은혜를 받을 때입니다(보혜사/성령).
예수 그리스도 때 : 그리스도를 만날 때입니다(다른보혜사/진리의성령).

모세의 때, 예수의 때, 예수 그리스도의 때가 있는 데 아직도 모세의 때와 예수의 때에 머물러 있는 자들은 산 영 안에서 신앙생활 하는 사람입니다.

오늘도 신앙생활을 하는 많은 사람들이 천기는 분별할 줄 알면서 시대의 표적의 때를 분별하지 못하고 광야에서 헤매고 있습니다.

그러나 시대의 표적을 분별하는 자들은 그리스도의 때를 알고 요단강을 건너 하나님의 약속의 젖과 꿀이 넘치는 가나안 땅에 들어가 율법의 완성인 사랑을 이루고 생명과 평안으로 안식하며 살아가고 있습니다.

예수님이 십자가에 죽었다가 삼일 만에 살아나신 것은 그리스도의 영을 받음으로 부활하신 것입니다.

오늘 우리도 예수와 함께 죽고 예수 그리스도로 말미암아 그리스도와 함께 살아나야 합니다.

특히 믿는 이들이 알아야 할 것은 하나님께서 예수님과 예수 그리스도를 보내신 것은 믿는 자들에게 본으로 세우신 것입니다.

그러므로 예수와 예수 그리스도를 반듯이 본받아 그대로 모든 말씀이 다 이루어져야 합니다.

예수의 때를 거쳐 예수 그리스도의 때는 신앙생활에 있어 마지막에 오는 단계입니다.
예수 그리스도의 때를 거치는 자들은 택함 받은 자들입니다.
모세의 때와 예수의 때 안에 있는 사람들은 세례요한과 같이 신들메를 풀기도 감당하지 못하는 자들로써 산영 안에서 죄에 갇혀 있습니다.
신 들메는 그리스도입니다.
신 들메를 풀기도 감당하지 못하는 자들은 그리스도에 대하여 알지 못하는 죄인들입니다.
신 들메를 풀기를 감당하려면? 예수 그리스도로 말미암아 그리스도를 만나 살려주는 영을 받아야 신들 메는 풀려집니다.
창세기부터 계시록까지 하나님의 말씀은 풀려져야 합니다.
신명기는 창세기부터 민수기까지의 이루어진 믿음의 결과입니다.
요한계시록은 마태복음부터 유다서까지의 이루어진 믿음의 결과입니다.
곧 창세기부터 계시록까지의 이루어진 그리스도의 믿음은 율법의 완성인 사랑입니다.

* **믿음 소망 사랑 중에 제일은 사랑이니라**(고전 13:13절).

* **만일 너희 속에 하나님의 영이 거하시면 너희가 육신에 있지 아니하고 영에 있나니 누구든지 그리스도의 영이 없으면 그리스도의 사람이 아니라 또 그리스도께서 너희 안에 계시면 몸은 죄로 인하여 죽은 것이나 영은 의를 인하여 산 것이니라**(롬 8:9~10절).

아버지의 뜻과 목적은 있어야 할 분이 있어야 할 곳에 있는 것입니다.

우리들 마음 안에 있어야 할 분은 그리스도요 곧 하나님의 영 진리의 성령입니다.

그러므로 산영은 비유로 말씀하신 예수님때에 받고 살려주는 영은 죽었다가 다시 살아나 부활하신 예수 그리스도의 때에 받습니다.

*** 만일 죽은 자의 부활이 없으면 그리스도도 다시 살지 못하셨으리라 그리스도께서 만일 다시 살지 못하였으면 우리의 전파하는 것도 헛것이요 또 너희 믿음도 헛것이며 또 우리가 하나님의 거짓 증인으로 발견되리니 우리가 하나님이 그리스도를 다시 살리셨다고 증거하였음이라 만일 죽은 자가 다시 사는 것이 없으면 하나님이 그리스도를 다시 살리시지 아니하셨으리라 만일 죽은 자가 다시 사는 것이 없으면 그리스도도 다시 사신 것이 없었을 터이요 그리스도께서 다시 사신 것이 없으면 너희의 믿음도 헛되고 너희가 여전히 죄 가운데 있을 것이요**(고전 15:13~17절).

12

주기도문

*** 그러므로 너희는 이렇게 기도하라**(마 6:9절).

주기도문은 주님의 간절한 기도이며 또 영에 속한 신령한 자들의 기도입니다.

주님의 기도는 하늘 안에서 이루어진 것같이 땅 안에서도 이루어 주옵소서 라고 하나님 아버지께 드리는 애절한 절규와 간구의 기도입니다.

우리도 예수 그리스도와 같이 죽었다가 삼일 만에 다시 살아나 영에 속한 신령한 자 되어 육신에 속한 자를 위하여 간절한 주기도문을 할 수 있는 자격을 갖춰야 합니다.

주기도문은 아무나 누구나 다 할 수 있는 기도가 아니라 아들의 명분을 얻은 자라야 기도할 수 있는 자격을 갖춘 자입니다.

*** 율법아래 있는 자를 속량하시고 우리로 아들의 명분을 얻게 하려 하심이라**(갈 4:5절).

아들의 명분을 얻어야 하나님의 영광을 볼 수 있습니다.

주기도문은 아직 율법아래 매여 있어 하나님의 아들의 명분을 얻지 못하여 육신에 속한 사람들에게 하나님의 구원의 메시지를 받을 수 있도록 아들의 명분을 얻은 자들이 하나님께 간절히 간구하는 것입니다.

그러므로 주기도문은 하늘에 속한 신령한 사람이 땅에 속한 육신에 사람을 위하여 하나님께 드리는 기도입니다.

하늘에는 영광이요 땅에는 평화로다.

예수 그리스도로 말미암아 그리스도를 알게 되면 하나님과 관계성에서 죄라는 막힌 담이 무너지고 평화가 이루어짐으로 거룩하고 온전하게 주님의 영광의 차원의 하늘의 사람으로 올라가게 됩니다.

이렇게 하늘에 영광의 사람으로 올라간 자는 또 낮고 천한 육신에 속한 사람을 위하여 그들도 나와 같이 영에 속한 신령한 자가 되게 해달라고 하나님 아버지께 간절한 기도를 드리는 기도의 문서가 곧 주기도문입니다.

제자들이 예수님께 기도를 가리켜 달라고 요청할 때 너희들은 이렇게 기도하라고 주기도문을 가리켜 주셨습니다.

> * **말씀이 육신이 되어 우리 가운데 거하시매 우리가 그 영광을 보니**(요 1:14절중).

땅에 평화가 없는 사람은 하늘에 영광도 없습니다.

죄 때문에 하나님과 관계성을 잃었던 영혼이 주님의 평화가 이루어지면서 하나님과 관계성을 회복하며 점진적인 구원을 받기 시작하여 주님의 영광을 보고 누리게 되는 것입니다.

평화에서 시작하여 영광의 사람이 되기까지는 신앙생활의 과정 입니다.

> * **지극히 높은 곳에서는 하나님께 영광이요 땅에서는 기뻐하심을 입은 사람들 중에 평화로다**(눅 2:14절).

주기도문은 사랑의 기도입니다.

1. 하늘에 계신 우리 아버지여

(하늘이라는 공간 마음 안에 계신 아버지여).

> * **하늘이여 귀를 기울이라 내가 말하리라 땅은 내 입의 말을 들을지어다**(신 32:1절).

2. 이름이 거룩히 여김을 받으시며

(아버지의 이름은 거룩한 말씀입니다(요 1:1절).

말씀이 내 안에서 거룩하고 온전하게 이루어졌음으로 아버지는 거룩하신 분임을 깨닫고 높여드리는 기도입니다.

3. 나라에 임하옵시며

(아버지여 내 마음 안에 오시옵소서).

> * **또 여기 있다 저기 있다 못하리니 하나님의 나라는 너희 안에 있느니라**(눅 17:21절).

4. 뜻이 하늘에서 이루어진 것 같이 땅에서도 이루어지다.

(아버지의 말씀이 영에 속한 자에게 이루어진 것같이 육신에 속한 자에게도 이루어지게 하옵소서). 땅에서도 이루어지는 것은 곧 영에 속한 자로 변화되는 것입니다.

5. 오늘날 우리에게 일용할 양식을 주옵시고

(때를 따라 영혼이 필요한 양식을 주옵소서).

6. 우리가 우리에게 죄지은 자를 사하여준 것같이 우리 죄를 사하여 주옵시고.

(신령한 말씀을 가진 자는 죄를 사하는 권세를 받습니다 아버지여 내 죄를 사하여 주옵소서)

* **너희가 뉘 죄든지 사하면 사하여 질 것이요 너희가 뉘 죄든지 그대로 두면 그대로 있으리라**(요 20:23절).

7. 우리를 시험에 들게 하지 마옵시고.

(시험에 든다는 것? 죄는 시험 들게 만듭니다. 곧 가인과 같이 땅에 소산으로 예배드리지 말아 달라는 기도입니다).

8. 다만 악에서 구 하옵소서

(악은 욕심이요 욕심은 죄입니다).

* **욕심이 잉태한 즉 죄를 낳고 죄가 장성한 즉 사망을 낳느니라**(약 1:15절).

말씀이 마음 안에 들어오면 먼저 욕심을 제거하여 악에서 구원시키시고 생명과 평안을 누리게 하십니다.

9. 나라와 권세와 영광이 아버지께 영원히 있사옵나이다.

(말씀을 받은 자는 하나님의 나라입니다).

하나님의 나라가 된 사람은 하나님의 권세와 영광을 받게 됩니다.

나라와 권세와 영광은 모두 영원하신 아버지의 것입니다.

아버지의 것은 다 아들의 것입니다.

13

죄에서 구원을 받으라

* **네 마음에 믿으면 구원을 얻으리니 사람이 마음으로 믿어 의에 이르고 입으로 시인하여 구원에 이르느니라**(롬 10:9절하~10절).

마음으로 구원에 근본의 주체가 되시는 그리스도를 믿고 그리스도의 믿음을 가지면 구원을 받습니다.

그리스도의 믿음을 가진 자는 그리스도의 존귀하고 귀함을 알기 때문에 입으로 시인할 수 있습니다.

진리의 영을 받은 자는 하나님께 속한 자요 미혹에 영을 받은 자는 세상에 속한 자입니다.

* **우리는 하나님께 속하였으니 하나님을 아는 자는 우리의 말을 듣고 하나님께 속하지 아니한 자는 우리의 말을 듣지 아니하나니 진리의 영과 미혹의 영을 이로써 아느니라**(요일 4:6절).

구원이란? 죄인을 의인으로 온전하게 회복시켜 주는 것이며 육신에 생각에서 영에 생각으로 바꾸는 것입니다.

* **육신에 생각은 사망이요 영에 생각은 생명과 평안이니라**(롬 8:6절).

구원받은 증거는? 생명과 평안이 이루어집니다.

* **그때에는 주께서 나를 아신 것같이 내가 온전히 알리라**(고전 13:12절하).

생명과 평안은 예수 그리스도로 말미암아 그리스도와 함께 하는 자들에게만 이루어지는 축복입니다.

생명과 평안을 얻으려면 참 하나님께서 보내 주신 주 곧 예수 그리스도에 대하여 아는 것입니다.

* **영생은 곧 유일하신 참 하나님과 그의 보내신 주 예수 그리스도를 아는 것이니라**(요 17:3절).

이제 그리스도께서 죽은 자 안에서 다시 살아나셨으니 그 영혼은 부활되어 그리스도의 믿음을 가짐으로 하나님께서 그를 기뻐하십니다.

그러나 아직도 그리스도께서 자기 마음 안에서 다시 살아나심의 체험과 증거가 없다면 그는 여전히 죄 가운데 있는 자요 죽은 자요 그의 믿음은 헛된 믿음이요 그가 전파하는 것도 헛된 것입니다.

* **그리스도께서 만일 다시 살지 못하셨으면 우리의 전파하는 것도 헛것이요 또 너희 믿음도 헛것이며**(고전 15:14절).

* **만일 죽은 자가 다시 사는 것이 없으면 그리스도도 다**

시 사신 것이 없었을 터요 그리스도께서 다시 사신 것이 없으면 너희 믿음도 헛되고 너희가 여전히 죄 가운데 있을 것이니라(고전 15:16~17절).

그러므로 우리는 하나님께서 인정하시는 그리스도의 믿음을 가져야 합니다.

* **내가 가진 의는 율법에서 난 것이 아니요 오직 그리스도를 믿음으로 말미암은 것이니 곧 하나님께로 난 의라**(빌 3:9절).

구원받으면 율법이 마침이 되고 죄에서 자유함을 누리며 생명과 평안으로 살아갑니다.

그리스도는 하나님 아버지의 영이기 때문에 진리의 성령만 받으면 하나님을 만나는 것은 물론이거니와 하나님께서 우리에게 원하시는 뜻과 목적이 무엇인지 다 알수있어 하나님을 사랑하게 됩니다.

우리가 어떻게 하나님을 사랑할 수 있겠습니까?

* **네 마음을 다하고 목숨을 다하고 뜻을 다하고 힘을 다하여 주 너의 하나님을 사랑하라**(막 12:30절).

하나님을 사랑하는 방법? 하나님께서 보내신 예수 그리스도를 아는 일입니다.

예수 그리스도를 알게 될 때 영생을 얻게 됩니다.

영생은 곧 그리스도입니다.

그리스도를 알 때 그는 주 앞에 순교한 자입니다.

순교자란? 자신을 사랑하던 육신에 생각을 벗어버리고 하나님을 사랑하는 영에 생각으로 다시 살아나는 것입니다.

* **육신에 생각은 사망이요 영에 생각은 생명과 평안이니라**(롬 8:6절).

이 세상에서 가장 고귀하신 분은 그리스도입니다.

* **이제도 온전히 담대하여 살든지 죽든지 내 몸에서 그리스도가 존귀히 되게 하려 하나니 이는 내게 사는 것이 그리스도니 죽는 것도 유익함이니라**(빌 1:20~21절).

그러므로 이제 그리스도 때문에 순교하고 그리스도 때문에 다시 살아나게 됩니다.

하나님은 죄에서 구원받는 순교자에게 상을 베풀어 주시며 그를 보시고 기뻐하십니다.

하나님께서 순교자에게 주시는 상급은 그리스도입니다.

* **믿음은 바라는 것들의 실상이니라**(히 11:1절).

믿음이 실상으로 이루어지게 하시는 분은 그리스도입니다.

그리스도에 대하여 듣고 깨달아질 때 그리스도의 믿음이 됩니다.

하나님께서 원하시는 믿음은 자기 의에 믿음이 아니라 그리스도의 믿음입니다.

하나님은 율법을 지키는 예배를 드린 가인과 에서는 미워하셨고 율법을 이루는 예배를 드린 아벨과 야곱은 사랑하셨습니다.

가인과 에서는 보이는 행위적인 예배를 드렸으며 아벨과 야곱은 신령과 진정으로 드리는 그리스도의 믿음을 갖게 하는 예배를 드린 것입니다.

오늘도 하나님께서 원하시는 예배를 드리라고 말씀하고 계십니다.

곧 율법을 지키는 행위적인 예배를 드리지 말고 율법이 마침이 되며 사랑으로 이루어지는 거룩한 산 예배입니다.

* **너희 몸을 하나님이 기뻐하시는 거룩한 산 제사로 드리라 이는 너희의 들릴 영적 예배니라**(롬 12:1절하).

신령과 진정으로 드리는 예배는 물과 피로 임하시는 피의 제사입니다.

* **이는 물과 피로 임하신 자니 곧 예수 그리스도시라**(요일5:6절).

성경에 기록된 하나님의 모든 말씀은 소설책이나 세상적.

지식적인 내용이 아닙니다.

각 사람이 믿음으로 말미암아 말씀이 사실 그대로 이루어지는 영혼의 양식입니다.

그러므로 하나님의 말씀은 목적과 뜻을 기록하여 죄인을 구원시키려는 구원의 책이요 하나님의 형상과 모양으로 이루어지는 사랑의 책입니다.

* **그런즉 누구든지 그리스도 안에 있으면 새로운 피조물이라 이전 것은 지나갔으니 보라 새 것이 되었도다**(고후 5:17절).
* **하나님은 영이시니 예배하는 자가 신령과 진정으로 예배할지니라**(요 4:24절).

하나님은 말씀이며 빛이며 사랑입니다.

하나님의 아들 안에는 진리의 성령이 함께하십니다.
그러나 마귀의 자녀 안에는 미혹의 영이 함께합니다.

* **이러므로 하나님의 자녀들과 마귀의 자녀들이 나타나나니**(요일 3:10절).
* **사랑하는 자들아 우리가 지금은 하나님의 자녀라**(요일 3:2절상).
* **죄를 짓는 자마다 마귀에게 속하나니 마귀는 처음부터 범죄함이니라**(요일 3:8절상).
* **사랑하는 자들아 영을 다 믿지 말고 오직 영들이 하나님께 속하였나 시험하라 많은 거짓선지자가 세상에 나왔음이니라**(요일 4:1절).

그러므로 진리의 영과 미혹의 영을 분별하여야 합니다.
하나님의 진리의 영은 죽은 자를 삼일 만에 부활시키며 거룩하고 온전케 하여 율법의 완성인 사랑이 이루어지도록 역사하십니다.
아브라함의 하나님 이삭의 하나님 야곱의 하나님은 죽은 자의 하나님이 아니라 산 자의 하나님입니다.
산 자의 하나님은 반듯이 진리의 성령의 역사하심이 있습니다.
그러나 죽은 자의 하나님은 성령의 역사하심이 없습니다.

* **이 사람들은 당을 짓는 자며 육에 속한 자며 성령은 없는 자니라**(유 1:19절).
* **율법은 모세로 말미암아 주신 것이요 은혜와 진리는 예수 그리스도로 말미암아 온 것입니다**(요 1:17절).

모세로 말미암아 주신 율법은 누구든지 다 받을 수 있습니다.

누구나 다 받을 수 있기 때문에 애급에서 출애굽 하여 홍해를 건널 때 한 사람도 죽지 않고 다 건넜던 것입니다.
홍해를 아무 탈없이 건넜으나 그들은 하나님의 젖과 꿀이 넘쳐 흐르는 약속의 가나안 땅까지 들어가지 못하고 모세와 함께 60만 대군 모두 광야에서 죽었습니다.
광야에서 죽었다 함? 목숨이 죽은 것이 아니라 영혼이 죽었다는 뜻입니다.
영혼이 구원받으려면 젖과 꿀이 넘치는 하나님의 약속의 가나안 땅까지 들어가야 합니다.
젖과 꿀이 넘치는 가나안 땅은 곧 그리스도안 입니다.
예수 그리스도로 말미암아 온 은혜와 진리는 택함을 입은 자들만 받을 수 있는 특권입니다.
특권을 받은 사람들은 법궤를 앞세운 사람들과 갈렙과 여호수아 뿐입니다.
이들은 광야를 출발하여 요단강을 건너 하나님의 약속의 땅 곧 젖과 꿀이 넘치는 가나안 땅까지 들어갔습니다.
광야에서 죽은 자는 청함만 받은 사람이요 약속의 가나안 땅까지 들어간 사람은 택함을 입은 사람입니다.

> * **청함 받은 사람은 많되 택함 받은 사람은 적으니라**(마 22:14절).

신앙생활은 입술로 예수 십자가에 달려 죽었고 삼일 만에 다시 부활하셨다는 것을 믿는 것으로 끝나는 일이 아닙니다.

> * **나더러 주여 주여 하는 자마다 천국에 다 들어갈 것이**

아니요(마 7:21절).

오늘 우리도 예수님과 같이 보혜사(성령)를 받아야 하고 또 예수 그리스도와 같이 다른 보혜사(진리의 성령)를 받아 아버지의 뜻과 목적을 이루어 드리는 거룩하고 온전한 자가 되어야 합니다.

* **다만 하늘에 계신 내 아버지의 뜻대로 행하는 자라야 들어가리라**(마 7:21절하).

아버지의 뜻은 입술로만 외치는 것이 아니라 그리스도를 믿는 믿음을 가져야 아버지의 뜻을 이루어드릴 수 있습니다.

그리스도의 믿음을 가진 자의 삶은 항상 기뻐함이요 쉬지 않고 기도함이요 범사에 감사함입니다.

14

무덤 속에 있는 죽은 나사로

* **예수께서 와서 보시니 나사로가 무덤에 있는지 이미 나흘이라 네 오라비가 다시 살리라**(요 11:17절).

* **주여 죽은 지가 나흘이 되었으매 벌써 냄새가 나나이다**(요 11:39절하).

나사로가 있는 무덤이란? 나사로의 어두운 마음입니다.

나사로가 이미 죽은지 나흘이 지나 무덤 속에는 썩은 냄새가 났습니다.

나사로가 죽어 썩은 냄새가 난다는 뜻? 나사로는 죄에서 구원받지 못하여 죄에 의하여 썩은 냄새를 피우고 있는 것입니다.

죄의 썩은 냄새는 욕심입니다.

* **욕심이 잉태한즉 죄를 낳고 죄가 장성한즉 사망을 낳느니라**(약 1:15절).

* **너희 마음속에 독한 시기와 다툼이 있으면 자랑하지 말라 진리를 거슬려 거짓하지 말라 이러한 지혜는 위**

로부터 내려온 것이 아니요 세상적이요 정욕적이요 마귀적이니 시기와 다툼이 있는 곳에는 요란과 모든 악한 일이 있음이니라(약 3:14~16절).

무덤 속에 있는 나사로는 세상적이요 마귀적이요 죄의 썩은 독한 냄새를 피운 영혼이 죽은 자였습니다.

무덤 속에 나사로가 예수 그리스도로 말미암아 죄에서 구원받으면 그의 영혼은 빛으로 살아가게 됩니다.

* **이 말씀을 하시고 큰소리로 나사로야 나오라 부르시니 죽은 자가 수족을 베로 동인 채로 나오는데 그 얼굴은 수건에 쌓였더라. 예수께서 가라사대 풀어놓아 다니게 하라 하시니라**(요 11:43~44절).

수족은 베로 동이고 얼굴은 수건에 쌓였다 함? 율법에 매여 마음이 가리워져 있는 죄인입니다.

그리스도 안에 있으면 죄 사함 받음으로 율법은 마침이 되고 진리 안에서 자유 함을 누림으로 몸을 동인배는 풀어지고 마음은 열려집니다.

오늘도 율법을 지키는 자들은 온 몸은 베로 동인 채로 돌아다니며 마음은 닫혀 있는 가운데 믿음생활하고 있습니다.

그러나 율법이 마침으로 이루어진 자는 몸을 동인 베는 풀어지고 마음은 열려 그리스도의 믿음으로 거룩하고 온전케 되어져 갑니다.

율법은 지키는 것이 아니라 이루어지는 것입니다.

* **내가 율법이나 선지자나 폐하러 온 줄로 생각지 말라**

폐하러 온 것이 아니요 완전케 하려 함이로라(마 5:17절).

* **그러므로 율법은 모세로 말미암아 주신 것이요 은혜와 진리는 예수 그리스도로 말미암아 온 것이니라**(요 1:17절).

모세로 말미암아 주신 율법은 지키면 지킬수록 세상적이며 도덕적인 의인이 되려고 합니다.

그러나 예수 그리스도로 말미암아 온 은혜와 진리는 받으면 받을수록 거룩하고 온전하며 흠 없이 영에 속한 의인이 되여져 갑니다.

그러므로 율법을 지키는 자는 육신에 속한 자요 율법을 이루는 자는 영에 속한 자입니다.

* **율법은 진노를 이루게 하나니 율법이 없는 곳에는 범함도 없느니라**(롬 4:15절).

* **우리가 율법은 신령한 줄 알거니와 나는 육신에 속하여 죄 아래 팔렸도다**(롬 7:14절).

* **율법을 지키게 행하는 것은 내가 아니요 내 안에 거하는 죄니라**(롬 7:17절).

* **사망아 너의 이기는 것이 어디 있느냐 사망아 너의 쏘는 것이 어디 있느냐 사망이 쏘는 것은 죄요 죄의 권능은 율법이라**(고전 15:55~56절).

율법을 지키게 하는 믿음은 죄인입니다.

율법을 이루게 하는 믿음은 의인입니다.

* **육신에 생각은 사망이요 영에 생각은 생명과 평안이니라**(롬 8:6절).

* **내가 율법 외에 한 다른 법을 깨달았노라**(롬 7:21절).

사도바울이 율법 외에 한 다른 법을 깨달은 것은 곧 예수 그리스도로 말미암아 나타난 의 입니다.
율법 외에 의로 나타나신 이는 곧 그리스도입니다.
그러므로 율법 외에 하나님의 한 의로 나타나신 그리스도에 대하여 아는 일이 곧 영생을 얻는 일이며 하나님께 영광을 돌리는 일입니다.

* **영생은 유일하신 참 하나님과 그의 보내신 자 예수 그리스도에 대하여 아는 것이니라**(요 17:3절).

그러므로 율법 외에 한 의로 나타나신 그리스도를 알아야 되는 것은 물론이거니와 그리스도께서 임마누엘 하시어 영원히 함께 살게 됩니다.

* **그리스도는 모든 믿는 자에게 의를 이루기 위하여 율법의 마침이 되시니라**(롬 10:4절).
* **영으로는 하나님처럼 살게 하려 함이니라**(벧전 4:6절하).

율법이 마침이 되지 아니하면 그 사람은 여전히 죄 가운데 있는 자요 율법이 마침이 된 사람은 영으로는 하나님처럼 사는 자입니다.
율법의 마침이 되지 않은 사람의 입에서 나오는 말은 비유의 말씀이고 율법이 마침이 된 사람의 입에서 나오는 말은 사실로 이루어지는 그리스도의 말씀입니다.

* **네가 살았다 하는 이름은 가졌으나 죽은 자로다**(계 3:1절하).

율법이 마침이 되지 않은 자는 육신에 눈으로 보기에는 살아 있는 자 같으나 영에 눈으로 볼 때에는 그는 죽은 자입니다.
하나님은 외모를 보지 않고 사람의 중심을 보십니다.
사도바울은 율법을 지키는 것과 율법을 이루는 것에 대한 그리스도의 비밀을 깨달은 성경에 능한 사도입니다.

* **그러므로 너희가 거듭난 것이 썩어질 씨로 된 것이 아니요 썩지 아니할 씨로 된 것이니 하나님의 살아 있고 항상 있는 말씀으로 되었느니라**(벧전 1:23절).
* **썩는 양식을 위하여 일하지 말고 영생하도록 있는 양식을 위하여 하라**(요 6:27절).

썩어질 씨는 육신에 속한 선지자의 입에서 나오는 비유의 말씀이요 썩지 아니할 씨는 영에 속한 신령한 선지자의 입에서 나오는 실상으로 이루어지는 말씀입니다.

* **이러므로 사람이 선을 행할 줄 알고도 행치 아니하면 죄니라**(약 4:17절).

선을 행한다는 말씀? 선하신 그리스도를 영접하는 일입니다.
선을 행하지 않는다는 말씀? 선하신 그리스도를 영접하지 않는 일입니다.

* **하나님 한 분 외에는 선한 이가 없느니라**(막 10:18절).

곧 하나님 말씀 외에는 선할 수 없습니다.
도덕적인 죄는 아무리 큰 죄라 할지라도 회개하면 용서를 받습니다.
그러나 선하신 그리스도에 대하여 말씀을 모르면 성령훼방 하는 죄가 됨으로 영원히 영생을 얻을 수 없습니다.

* **예수의 무덤 안을 들여다보니 머리를 쌌던 수건은 세마 포와 함께 놓이지 않고 딴 곳에 개켜 있더라**(요 20:6~7절).

수건과 세마포는 함께 놓여 있을 수 없습니다.

수건은 율법을 상징하며 세마포는 그리스도를 상징하기 때문입니다.

* **이제는 율법 외에 하나님의 한 의가 나타났으니**(롬 3:21절).
* **복음에는 하나님의 의가 나타나서 믿음으로 믿음에 이르게 하나니**(롬 1:17절).
* **오늘까지 모세의 글을 읽을 때에 수건이 오히려 그 마음을 덮었도다 그러나 언제든지 주께로 돌아가면 그 수건은 벗어지리라**(고후 3:15~16절).

머리를 쌌던 수건은 율법을 지키게 하는 육신에 속한 비유의 말씀이며 모세지도자가 가리켰던 말씀입니다.

그러나 세마포는 율법이 마침이 되고 실상으로 이루어지게 하는 영에 속한 그리스도의 말씀입니다.

그러므로 누구든지 그리스도께로 돌아오면 마음을 덮었던 수건은 벗겨집니다.

곧 그리스도께로 돌아오면 수건이 벗겨짐으로 율법을 지키는 행위를 하지 않습니다.

그러므로 자기의 마음의 얼굴을 쌓던 율법의 수건을 벗어버리고 세마포 옷으로 갈아입어야 벌거벗은 수치를 보이지 않을 것입니다.

* **네가 말하노니 나는 부자라 부요하여 부족한 것이 없**

다 하나 네 곤고한 것과 가련한 것과 가난한 것과 눈 먼 것과 벌거벗은 것을 알지 못하도다(계 3:17절).

곧 율법을 지키고 있는 자는 육신에 눈으로 보이는 것으로 판단하고 나는 부자요 부요하여 부족함이 없다라고 말을 하지만 율법을 이루는 자들이 그들을 볼 때 그들의 영혼은 곤고하고 가련하고 가난하고 눈먼 소경이요 벌거벗어 수치를 보이는 가난하고 병든 자들이라는 뜻입니다.

죄인과 의인의 차이는 성경을 보는 개념차이입니다.

죄인은 비유의 말씀을 전하고 들음으로 육신의 생각을 하게 되고 의인은 실상으로 이루어지는 말씀을 전하고 듣기 때문에 영에 생각을 하게 됩니다.

* **육신에 생각은 사망이요 영에 생각은 생명과 평안이니라**(롬 8:6절).

죄인은 수건을 쓴 채로 성경을 보고 의인은 수건을 벗고 성경을 봅니다.

율법은 지키면 지킬수록 도덕적인 의인이 되고 율법은 이루어지면 이루어질수록 영적인 의인이 됩니다.

성경에 기록된 하나님의 모든 말씀 속에는 비밀이 감춰져 있습니다.

밭에 감춰진 이 보화를 캐낼 자가 누구냐.

* **하나님의 비밀인 그리스도를 깨닫게 하려 함이라 그 안에는 지혜와 지식의 모든 보화가 감추어 있느니라** (골 2:2하~3절).

하나님께서 말씀 안에 감춰 놓으신 비밀인 그리스도를 깨내야 합니다.
성경에 기록된 중심의 핵심은 그리스도요 죄에서 구원받게 하실 핵심도 그리스도요 영광으로 이루게 해주실 분도 그리스도입니다.
그리스도를 깨닫게 되면 그 안에 있는 지혜와 지식과 모든 보화를 발견할 수 있습니다.
그리스도는 하나님 아버지의 사랑의 최고의 법을 이루시는 주체요 본체입니다.
사랑의 최고의 법의 시작은 생육이요 끝은 다스림입니다.

> * **하나님이 그들에게 복을 주시며 그들에게 이르시되 생육/ 번성/ 충만/ 정복/ 다스리라 하시니라**(창 1:28절).

그러므로 그의 영혼은 일곱째 날이 되어 생명과 평안과 안식을 누리며 거룩하고 온전하여 영으로는 하나님처럼 살게 됩니다.
하나님은 예수 그리스도로 말미암아 그리스도를 영접하게 하시고 죄에서 구원받은 자들로 율법의 요구의 완성인 사랑의 극치를 이루게 하시는 분입니다.

> * **성경은 폐하지 못하나니 하나님의 말씀을 받은 사람들을 신이라 하셨거든**(요 10:35절).

곧 하나님의 말씀을 받은 사람들은 진리의 성령을 받은 사람이기 때문에 신의 사람이라 말할 수 있다는 뜻입니다.

> * **신의 성품에 참예하는 자가 되게 하려 하셨으니**(벧후 1:4절하).

곧 하나님의 진리의 성령에 속한 사람은 하나님의 신의 성품에 참예한 사람입니다.

* 사랑하는 자들아 영을 다 믿지 말고 영들이 하나님께 속하였나 시험하라 많은 거짓선지자가 세상에 나왔음이니라(요일 4:1절).

* 저희는 세상에 속한 고로 세상에 속한 말을 하매 세상이 저희 말을 듣느니라 우리는 하나님께 속하였으니 하나님을 아는 자는 우리의 말을 듣고 하나님께 속하지 아니한 자는 우리의 말을 듣지 아니하나니 진리의 영과 미혹의 영을 이로써 아느니라.

그러므로 믿음생활에서 제일 중요한 것은 하나님의 영과 거짓 영을 분별하는 것입니다.

* 사랑하는 자들아 우리가 서로 사랑하자 사랑은 하나님께 속한 것이니 사랑하는 자마다 하나님께로 나서 하나님을 알고 사랑하지 아니하는 자는 하나님을 알지 못하나니 이는 하나님은 사랑이심이라 하나님의 사랑이 우리에게 이렇게 나타난바 되었으니 하나님이 자기의 독생자를 세상에 보내심은 저로 말미암아 우리를 살리려 하심이니라(요일 4:5~9절).

귀 있는 자는 성령이 교회들에게 하시는 말씀을 들을지어다.

15

사단이 하늘로써 번개같이 떨어지는 것

* **예수께서 이르시되 사단이 하늘로써 번개같이 떨어지는 것을 내가 보았노라**(눅 10:18절).

사단이 하늘로써 번개같이 떨어졌다는 뜻?

사단이 하늘로써 번개같이 이미 떨어진 자는 죄에서 구원받은 자입니다.

* **멸망의 가증한 것이 거룩한 곳에 선 것을 보거든 읽는 자는 깨달을진저**(마 24:15절하).

가증한 것은 죄요 거룩한 곳은 하나님의 말씀이 거하실 마음입니다.

하나님께서 거하실 거룩한 마음 안에 죄가 있는 자는 깨달아야 합니다. 사람의 마음은 근본 육신의 생각을 함으로써 사단이 지배하는 장소입니다.

* **육신의 생각은 사망이요 영에 생각은 생명과 평안이니라**(롬 8:6절).

육신에 생각인 사망이 영에 생각인 생명으로 바뀌질 때 사단은 하늘로부터 떨어지는 것입니다.
하늘은 공간이며 그 공간은 사람의 마음입니다.
마음의 공간 안에 하나님의 말씀으로 채워야 합니다.
그 마음 안에 있던 사단은 생명의 말씀의 빛이 들어가면 사라집니다.
사단은 어두운 마음 안에 있고 하나님은 빛이 된 마음 안에 계십니다.
사단의 지배를 받는 육신에 생각을 가진 자들은 입만 열면 세상적으로 안목의 정욕 육체의 정욕 이생의 자랑을 합니다.
그러나 진리의 성령을 모신 영의 생각을 가진 자들은 입만 열면 그리스도에 대한 살리는 말씀을 합니다.

* **그의 열매로 그들을 알리라**(마 7:20절).

그의 열매는 그 사람의 입에서 나오는 말입니다.
그러므로 그 사람이 육신에 속한 자인지 영에 속한 자인지 그의 말을 들어보면 알게 됩니다.

* **죽을 것이 죽지 아니함을 입을 때에는 사망이 이김의 삼킨바 되리라**(고전 15:54절).

영원히 죽어야 할 육신에 생각은 영원히 죽지 않을 영에 생각으로 바뀔 때 사단은 비로소 하늘에서 번개같이 떨어지게 됩니다.
사단은 마음 안에 있는 시기 미움 질투 욕심 두려움 염려 걱정 근심 등과 같은 죄입니다.
하나님의 말씀은 이런 사단의 세상적인 요소를 넉넉히 이기고 남도록 삼켜버리십니다.

그러므로 사단이 하늘에서 번개같이 떨어진다는 것은 곧 저 높이 구름이 떠있는 파란하늘에서 떨어지는 것이 아니라 하나님의 말씀을 듣고 보고 믿는 사람의 마음 안에서 떨어지는 것입니다.

* **하늘이여 귀를 기울이라 내가 말하리라**(신 32:1절).

* **하나님이 궁창을 하늘이라 칭하시니라**(창 1:8절).

궁창은 하늘이며 하늘은 사람의 마음입니다.

하나님께서는 궁창인 그 하늘 안에 계십니다.

* **하나님은 말씀입니다**(요 1:1절).

이러므로 반듯이 성경을 보는 개념을 육신에 생각에서 영에 생각으로 바꿔야 합니다.

* **육신에 생각은 사망이요 영에 생각은 생명과 평안이니라**(롬 8:6절).

* **하나님은 영이시니 예배하는 자가 신령과 진정으로 예배할지니라**(요 4:24절).

하나님은 영이시기 때문입니다.

* **너희는 하나님의 밭이요 하나님의 성전이요 하나님의 집이니라**(고전 3:9절).

땅이 혼돈하고 공허하며 흑암이 깊음 위에 있는 자(창 1:2절)는 육신에 속한 자입니다.

육신에 속한 자는 죄 사함을 받지 못한 상태에 있는 자이며 사단의 지배를 받는 자입니다.

그러나 하나님은 그리스도의 지배를 받을 사람을 미리 정하시고 미리 정하신 그들을 부르시고 부르신 그들을 또한 의롭다 하시고 의롭다 하신 그들을 또한 영화롭게 하십니다(롬 8:30절).

    * **다른 복음은 없나니 다만 어떤 사람들이 너희를 요란케 하여 그리스도의 복음을 변하려 함이라**(갈 1:7절).

그리스도의 복음 외에 다른 복음은 없으며 다른 복음을 전할 때에는 저주를 받게 됩니다.

그러므로 성경에 기록된 말씀의 핵심이 되시는 그리스도를 영접하여 새 생명의 삶을 살기 위해서 반듯이 우리가 그리스도에 대하여 알아야 할 의무가 있습니다.

만약 그리스도에 대하여 알지 못한다면 그는 그리스도인이 아니요 죄에서 구원 받지 못한 귀 먹 어리요 소경이요 앉은뱅이요 병든 자입니다.

    * **너희가 눈먼 희생으로 드리는 것이 어찌 악하지 아니하며 저는 것으로 드리는 것이 어찌 악하지 아니하냐** (말 1:8절상)

    * **너희가 이같이 행하였으니 내가 너희 중 하나인들 받겠느냐**(말 1:9절하).

하나님은 눈먼 자 절룩발이 같은 영혼이 병든 자는 받지 아니하십니다.

이들은 죄인입니다.

구원에 주체가 되시는 그리스도에 대하여 모르기 때문에 죄인입니다.

그러므로 그리스도에 대하여 알아야 죄에서 구원받은 의인이 됩니다.
그리스도는 마음 안에 들어오시면 율법의 요구의 완성인 사랑이 이루어지도록 역사하시며 하나님의 형상과 모양을 닮도록 인도하시는 진리의 성령입니다.
하나님의 말씀은 과거도 아니요 미래도 아닌 오늘 현재 이루어지는 말씀이기 때문에 어제나 오늘이나 영원토록 동일한 말씀입니다.

> * **예수 그리스도는 어제나 오늘이나 영원토록 동일하시니라**(히 13:8절)
>
> * **너희는 주께 받은 바 기름부음이 너희 안에 거하나니 아무도 너희를 가르칠 필요가 없고 오직 그의 기름부음이 모든 것을 너희에게 가르치며 또 참되고 거짓이 없으니 너희를 가르치신 그대로 주 안에 거하라**(요일 2:27절).

이제는 예수님의 비유의 말씀을 듣는 차원에서 예수 그리스도의 실상으로 이루어지는 말씀을 듣는 차원으로 믿음이 올라가야 할 때입니다.
그리스도의 믿음은 사람의 육안의 눈으로 보고 육안의 귀로 듣고 판단하는 것 아닙니다.
영의 눈으로 보고 영에 귀로 듣고 영에 손으로 만지는 확신입니다.

> * **말씀에 관하여는 우리가 들은 바요 눈으로 본 바요 주목하고 우리 손으로 만진 바라**(요일 1:1절).

* **이 사람들이 다 믿음으로 말미암아 증거를 받았으나 약속을 받지 못하였으니 우리가 아니면 저희로 온전함을 이루지 못하게 하려 하심이니라**(히 11:39~40절하).

증거는 보혜사 곧 성령으로 받지만 약속은 다른보혜사 곧 진리의 성령으로 받게 됩니다.

* **그런즉 누구든지 그리스도 안에 있으면 새로운 피조물이라 이전 것은 지나갔으니 보라 새 것이 되었도다**(고후 5:17절).

이전 것은 육신의 생각의 증거요 새 것은 약속으로 오신 영에 생각의 확신입니다.

귀 있는 자는 성령이 교회들에게 하시는 말씀을 들을지니라.

16

오순절성령(보혜사)과 진리의성령(다른보혜사)

*** 내가 아버지께 구하겠으니 그가 또 다른 보혜사를 너희에게 주사**(요 14:16절상).

*** 그러하나 진리의 성령이 오시면 그가 너희를 모든 진리 가운데로 인도 하시리니**(요 16:13절).

오순절성령은 사람 마음 안으로 들어오시지 못하시며 다만 ~위에 ~옆에 ~뒤에 ~앞에서 이끌어 주시는 영입니다.

오순절성령은 : 사람들이 객관적으로 볼 수 있는 예언. 방언. 통변. 병 고침 등의 은사를 나타내며 사도행전 적 성령으로 권능과 능력을 주어 예수님의 증인이 되게 하시고 혈통과 육정과 사람의 뜻으로 난 육신에 속한 자들이며 실상으로 오실 진리의 성령의 모형과 그림자입니다.

오순절성령은 육신에 눈으로도 확인할 수 있게 역사하지만 사람의 마음 안으로 들어오는 영이 아니기 때문에 죄 사함과 거룩함과 온전한 사랑으로 이루어지는 사람으로 성장시킬 수 없습니다.

*** 사람의 방언과 천사의 말을 할지라도 사랑이 없으면 소리나는 구리와 울리는 꽹과리가 되고 예언하는 능이 있어 모든 비밀과 모든 지식을 알고 또 산을 옮길만 한 모든 믿음이 있을지라도 사랑이 없으면 내가 아무 것도 아니요**(고전 13:1~2절).

오순절성령을 받으면 많은 능력과 표적을 행할지라도 사랑은 이룰 수 없음으로 주께 불법을 행한 자라고 책망을 듣습니다.

*** 주여 주여 우리가 주의 이름으로 선지자 노릇하며 주의 이름으로 귀신을 쫓아내며 주의 이름으로 많은 권능을 행치 아니하였나이까 내가 너희를 도무지 알지 못하니 불법을 행하는 자들아 내게서 떠나가라**(마 7:22~23절).

오순절성령은 은혜 받는 사람에게 나타나 육신에 눈으로도 확인할 수 있도록 기적과 표적을 나타내지만 은혜가 떨어지면 기적과 표적을 나타내지 않는 영입니다.

오순절성령을 받은 사람은 하나님의 말씀에 대하여 부분적으로만 알뿐 온전한 것을 알지는 못합니다.

*** 우리가 부분적으로 알고 부분적으로 예언하니 온전한 것이 올 때에는 부분적으로 하던 것이 폐하리라**(고전 13:9~10절).

오순절성령을 받은 사람은 하나님에 대하여 부분적으로만 알기 때문에 말하는 것이나 깨닫는 것이나 생각하는 것이 어린아이와 같습니다.

오순절성령은 예수와 함께 십자가에 달려 죽지 않은 사람이라도 은혜 받는 자에게 나타나는 영입니다.

오순절성령은 애굽을 출발하여 홍해를 건너 광야까지 온 모세에게 나타나서 밤에는 불기둥으로 낮에는 구름기둥으로 역사하시며 도우셨던 영입니다.

모세는 하나님께서 들어가라 명령하신 젖과 꿀이 넘치는 약속의 가나안 땅까지 들어가지 못하고 광야에서 죽었던 것은 율법을 지키도록 가리킴으로 율법이 이루어지는 거룩한 말씀을 전하지 못한 까닭입니다.

* **나의 거룩함을 이스라엘 자손 중에서 나타내지 아니한 연고니라 내가 이스라엘 자손에게 주는 땅을 네가 바라보기는 하려니와 그리로 들어가지는 못하리라**(신 32:51절).

모세는 오순절성령의 역사하심으로 애굽에서 출애굽하여 홍해를 건너 광야까지 60만 대군을 이끌고 온 지도자였으며 율법을 지키도록 육신에 속한 존재로는 성장시켰을지라도 하나님의 뜻과 목적이 이루어지도록 영적 존재로는 백성들을 이끌지 못한 지도자입니다.

* **이들은 살았다 하는 이름은 가졌으나 실상은 죽은 자로다**(계 3:1절).

하나님은 백성들에게 처음에는 오순절성령을 받게 하시고 그 다음에 진리의 성령을 받게 하십니다.

마치 고기 잡으려면 낚시 줄에 미끼를 달아놓고 고기가 그 미끼의 밥을 먹을 때 잡히는 것과 같습니다.
고기의 미끼를 놓는 이유는 고기를 잡기 위함입니다.
마찬가지로 하나님께서 오순절성령을 먼저 보내주신 것은 나중에 때가 되면 진리의 성령을 받도록 인도하시기 위함입니다.

* **먼저는 신령한 자가 아니요 육 있는 자요 그 다음에 신령한 자니라**(고전 15:46절).
* **내가 아버지께 구하겠으니 그가 또 다른 보혜사를 너희에게 주사 영원토록 너희와 함께 있게 하시리니 저는 진리의 영이라 세상은 능히 저를 받지도 못하나니 이는 저를 보지도 못하고 알지도 못함이라 그러나 너희는 저를 아나니 저는 너희와 함께 거하심이요 또 너희 속에 계시겠음이라**(요 14:16~17절).
* **그러하나 진리의 성령이 오시면 그가 너희를 모든 진리 가운데로 인도 하시리니**(요 16:13절).

그러므로 하나님을 섬기는 백성이라면 먼저 외적으로 나타나시는 오순절성령을 받고 그 다음에 내적으로 나타나시는 진리의 성령을 받는 체험을 하여야 합니다.
기독교는 체험의 종교입니다.
오순절성령과 진리의 성령 모두 체험하여야 하나님의 목적과 뜻을 이루어드릴 수 있습니다.
그러나 말로 너 성령 받았네 나 성령 받았네 할지라도 진리의 성령을 체험하지 못하였다면 그는 누구에게 거룩하시고 진실하신 진리의 말씀을 전파할 수 없을 것입니다.

그런 사람을 가리켜 여자여 잠잠 하라는 것입니다.
여자란 오순절성령은 받았으나 진리의 성령을 받지 못한 사람입니다.

* **이 사람들은 다 믿음으로 말미암아 증거를 받았으나 약속을 받지 못하였으니**(히 11:39절).

곧 오순절성령으로 말미암아 외적으로 나타나는 기적과 표적인 증거는 받았으나 약속으로 오신다는 진리의 성령은 받지 못한 사람입니다.
오순절성령을 받음으로 은혜 받은 여자가 때가 차매 남자가 말씀의 씨를 뿌릴 때 마음의 문을 열고 마음 밭에 생명의 말씀의 씨를 받습니다.
여자의 마음 밭에 씨를 뿌리는 사람은 진리의 성령과 함께 하는 남자가 된 사랍입니다.
그 남자는 진리의 성령을 받았으므로 그 역사하심으로 생명의 말씀의 씨를 뿌릴 수 있습니다.

* **그러나 나는 너희가 알기를 원하노니 각 남자의 머리는 그리스도요 여자의 머리는 남자요 그리스도의 머리는 하나님이시라**(고전 11:3절).

머리란? 그리스도입니다.
여자의 머리는 남자로부터 받습니다.
남자의 머리는 예수 그리스도로부터 받습니다.
예수 그리스도의 머리는 하나님으로부터 받습니다.
그러므로 아내는 남편에게 복종하여야 하며 남편은 아내를 내 몸과 같이 사랑하여야 합니다.

생명의 말씀의 씨를 가진 남편은 아내에게 씨를 뿌리고 아내는 그 씨를 받는 서로 사랑하는 관계입니다.

> * **아내 된 자들아 이와 같이 자기 남편에게 순복 하라(생략) 그 아내의 행위로 말미암아 구원을 얻게 하려 함이니**(벧전 3:1절).
>
> * **우리도 서로 사랑하는 것이 마땅하도다**(요일 4:11절하).

하나님은 사랑입니다.

그러므로 오순절성령을 받은 자는 그 은혜에만 머물러 있지 말고 더 큰 은사가 되는 진리의 성령을 받도록 소망하며 구하고 찾고 두드려야 합니다.

외적으로 기적과 표적이 나타나도록 부분적으로 역사하시는 오순절성령님은 내적으로 부활의 표적이 나타나도록 완전하게 역사하시는 진리의 성령께서 임하시면 사라집니다.

> * **우리가 부분적으로 알고 부분적으로 예언하니 온전한 것이 올 때에는 부분적으로 하던 것이 폐하리라**(고전 13:9~10절).

오순절 성령과 진리의 성령을 바꾸는 것이 곧 십자가에 못 박혀 죽고 다시 사는 길입니다.

곧 하나님의 생명의 말씀을 사랑하기 위하여 자기 목숨을 사랑하던 것을 버려야 합니다.

진리의 성령님은 하나님을 사랑하게 하시며 오순절성령님은 자기자신을 사랑하게 합니다.

* **하나님의 의를 모르고 자기 의를 세우려고 힘써 하나님 의를 복종치 아니하였느니라**(롬 10:3절).

그러므로 육신에 생각을 버리고 영에 생각으로 바꿔야 합니다.

* **육신에 생각은 사망이요 영에 생각은 생명과 평안이니라**(롬 8:6절).
* **먼저 그의 나라와 그의 의를 구하라**(마 6:33절).

그의 나라는? 그리스도와 함께 하는 목자입니다.

그의 의는? 그리스도입니다.

그러므로 그리스도(진리의 성령)와 함께 하는 사람을 구하고 찾아 만나서 그의 입에서 나오는 생명의 말씀을 믿고 따르면 그리스도의 믿음을 갖게 됩니다.

* **너희는 더욱 큰 은사를 사모하라 내가 또한 제일 좋은 길을 너희에게 보이리라**(고전 12:31절).

더욱 큰 은사? 오순절성령보다 더 큰 진리의 성령입니다.

제일 좋은 길은? 오순절성령을 받고 가는 길보다 진리의 성령을 받고 가는 길입니다.

그러므로 누구든지 제일 좋은 길을 갈 때에 진리의 성령께서 모든 것을 깨닫고 알도록 인도하십니다.

* **진리의 성령이 오시면 그가 너희를 모든 진리 가운데로 인도 하시리니**(요 16:13절).

아브람이 더 좋은 길로 갈 때 아브라함이 되었고 사울이 더 좋은 길로 갈 때 바울이 되었습니다.

예수께서 더 좋은 길로 갈 때 예수 그리스도가 되셨습니다.

예수의 이름은 십자가에 달려 죽기 전에 이름이며 예수 그리스도의 이름은 죽었다가 삼일 만에 다시 그리스도와 함께 살아난 이름입니다.

* **기록된 바 첫 사람 아담은 산영이 되었다 함과 같이 마지막 아담은 살려주는 영이 되었나니**(고전 15:45절).

하나님의 뜻과 목적을 이루어 드리기 위하여 반듯이 산영(오순절성령)에서 살려주는 영(진리의 성령)으로 바뀌져야 합니다.
산영을 가진 분은 첫째 아담으로 오셔서 비유를 말씀하신 예수님이요 살려주는 영을 가진 분은 죽었다가 다시 살아나 마지막 아담으로 오셔서 실상을 말씀하신 예수 그리스도입니다.
그러므로 사람이신 그리스도 예수에 대하여 깊이 묵상하고 연구하여야 합니다.

* **사람이신 그리스도 예수라**(딤전 2:5절하).

우리의 본으로 오신 초림 예수님과 재림으로 오신 예수 그리스도를 똑같이 말씀으로 닮아야 합니다.
예를 든다면 사과는 영양 많고 맛있고 귀합니다.
그러나 사과보다 더 귀한 것은 사과 속에 있는 생명이 들어있는 씨입니다.
씨라는 생명체가 나타나기 위해서는 사과껍질과 살은 반듯이 썩어져야 합니다.
곧 예수님은 십자가에 달려 죽어야 씨라는 그리스도의 생명체가 나타납니다.
마찬가지로 오순절성령이 사과껍질과 살이라 예를 든다면 진리의 성령은 사과 속에 비밀로 감춰져 있는 생명의 씨라고 말할 수 있습니다.

그러므로 진리의 성령을 따르는 자에게는 오순절성령은 떠나갑니다.

만약 오순절성령의 역사하심만 기뻐하고 사랑한다면 그 사람에게는 절대로 진리의 성령은 오시지 않는다는 것을 깊이 생각하고 기억하여야 할 것입니다.

> * **내가 아버지께 구하겠으니 그가 또 다른 보혜사를 너희에게 주사 영원토록 너희와 함께 있게 하시리니 저는 진리의 영이라 세상은 능히 저를 받지도 못하나니 이는 저를 보지도 못하고 알지도 못함이라 그러나 너희는 저를 아나니 저는 너희와 함께 거하심이요 또 너희 속에 계시겠음이라**(요 14:16~17절).

진리의 성령은 아무나 누구나 다 받을 수 있는 성령이 아닙니다.

회개하고 율법의 행위에서 벗어나 믿음으로 살고자 하는 자들에게만 나타나시는 영입니다.

> * **너희에게 능력을 주시고 너희 가운데서 능력을 행하시는 이의 일이 율법의 행위에서냐 듣고 믿음에서냐**(갈 3:5절)
>
> * **오직 의인은 믿음으로 살리라**(롬 1:17절)

그러므로 진리의 성령을 받는 사람은 하나님으로부터 사랑을 받는 자요 최고의 신령한 복을 받는 복 있는 사람입니다.

진리의 성령은 율법의 완성인 사랑을 이루시는 영이며 진리 가운데로 인도하시는 영입니다.

  * **진리의 성령이 오시면 그가 너희를 모든 진리 가운데 로 인도 하시리니**(요 14:17. 16:13절상).

진리의 성령은 하늘에 속한 모든 신령한 복을 주시는 영입니다.

  * **그리스도 안에서 하늘에 속한 모든 신령한 복으로 우리에게 복 주시되**(엡 1:3절하).

진리의 성령은 하나님의 모든 뜻의 비밀을 우리에게 알리시는 영입니다.

  * **사람이 마땅히 우리를 그리스도의 일군이요 하나님의 비밀을 맡은 자로 여길지어다**(고전 4:1절).

진리의 성령은 죄에서 구원받게 하시며 실상의 말씀을 믿어지게 하는 영입니다.

  * **너희의 구원의 복음을 듣고 그 안에서 또한 믿어**(엡 1:13절상).

진리의 성령은 하나님의 약속의 성령으로 오신 영입니다.

  * **약속의 성령으로 인치심을 받았으니**(엡 1:13절하).

진리의 성령은 영에 귀로 듣고 영에 마음의 눈으로 보고 영에 손으로 만질 수 있는 영입니다.

  * **우리가 들은 바요 눈으로 본 바요 주목하고 우리 손으로 만진 바라**(요일 1:1절).

진리의 성령은 하나님의 아들의 명분을 얻게 하는 영입니다.

  * **우리로 아들의 명분을 얻게 하려 하심이라**(갈 4:5절).

진리의 성령은 번개같이 번쩍 깨달을 때 나타나시는 영입니다.

* **번개같이 번뜻하여 하늘아래 저편까지 비췸같이**(눅 17 :24절).

진리의 성령은 죄에 대하여 의에 대하여 심판에 대하여 세상을 책망하시는 영입니다.

* **그가 와서 죄에 대하여 의에 대하여 심판에 대하여 세상을 책망하시리라**(요 16:8절).

진리의 성령은 거룩하고 흠 없이 사랑으로 이루어져 완전한 자로세우려고 오신 영입니다.

* **그리스도 안에서 우리를 택하사 우리로 사랑 안에서 그 앞에 거룩하고 흠이 없게 하시려고**(엡 1:4절, 골 1:28절)

진리의 성령은 마음 안에 하나님의 나라를 세우려 오신 영입니다.

* **하나님의 나라는 너희 안에 있느니라**(눅 17:21절).

진리의 성령은 하나님 아버지와 그리스도에 대하여 다 알게 하시는 영입니다.

* **지혜와 계시의 정신을 너희에게 주사 하나님을 알게 하시고**(엡 1:17절).

진리의 성령을 영접할 수 있는 방법은 오직 한가지뿐입니다.
죽었다가 삼일 만에 다시 살아나 부활하신 예수 그리스도를 아는 일입니다.

* **영생은 곧 유일하신 참 하나님과 그의 보내신 자 예수 그리스도를 아는 것이니라**(요 17:3절).
* **율법은 모세로 말미암아 주신 것이요 은혜와 진리는**

예수 그리스도로 말미암아 온 것이니라(요 1:17절).

모세로 말미암아 주신 것? 율법을 지키게 역사하는 오순절 성령입니다.

예수 그리스도로 말미암아 온 것? 율법을 이루게 역사하는 진리의 성령입니다.

* **미리 정하신 그들을 또한 부르시고 부르신 그들을 또한 의롭다 하시고 의롭다 하신 그들을 또한 영화롭게 하셨느니라**(롬 8:30절).

* **너희는 그리스도의 것이요 그리스도는 하나님의 것이니라**(고전 3:23절).

17

말세

*** 이 말세에 너희를 위하여 나타나신 바 되었으니**(벧전 1:20절하).

믿는 자들에게 개인적인 말세가 오면 반듯이 너희를 위하여 나타나신 그리스도를 만나야 비로소 말세가 끝납니다.

말세가 끝난다는 것? 곧 율법이 마침이 되는 것입니다.

율법이 마침이 되면 죄와 사망의 법에서 해방됩니다.

곧 죄에서 구원받은 백성입니다.

개인적인 말세를 만나지 못한 사람은 아직 율법의 마침의 때가 되지 않은 연고입니다.

그러므로 누구든지 그리스도를 만날 때가 되면 반듯이 말세가 찾아옵니다.

말세란? 벼랑 끝에 매달려 있는 사람입니다.

벼랑 끝이란? 생명과 성령의 법이 죄와 사망의 법에서 해방되기 직전의 사람을 보고 벼랑 끝에 매달려 있는 사람이라고 말합니다.

곧 옛 사람이 변하여 새 사람이 되기 전 사람은 벼랑 끝에 있는 자입니다.

* **빛이 어두움에 비춰되 어두움이 깨닫지 못하더라**(요 1:5절).

벼랑 끝에 놓여 있어 생명의 빛의 말씀을 전하되 깨닫지 못하면 그는 구원받지 못하고 죄 가운데 있는 자입니다.

베드로가 밤이 맞도록 얕은 물가에서 그물을 내렸으나 고기 한 마리도 잡지 못할 때는 벼랑 끝에 매달려 구원받지 못하였을 때입니다.

그러나 부활하여 나타나신 예수 그리스도를 만난 후 주님의 말씀을 의지하여 깊은 물속으로 들어갔을 때는 생명의 성령의 법이 죄와 사망의 법에서 해방되어 구원 받은 사람이 되었습니다.

죄에서 구원받은 사람은 깊은 물속으로 들어가 큰 고기 153마리 잡아 올릴 수 있습니다.

그러므로 어두움이 물러가고 빛을 받은 사람은 개인적인 말세가 끝난 사람입니다.

얕은 물가란? 어린아이와 같은 믿음을 가진 육신에 속한 자의 길입니다.

깊은 물속이란? 그리스도의 보배로운 믿음을 가진 영에 속한 자의 길입니다.

그러므로 말세를 만나 심령이 가난하여 어둠 속에 있는 자들은 빛을 받기 위하여 몸부림쳐야 합니다.

* **어두움이 빛을 받으니 하나님 보시기에 좋았더라**(창 1:3절).

자기자신이 심령이 가난함을 깨닫고 몸부림 칠 때 죄에서 구원받을 수 있는 기회를 주실 것입니다.
몸부림을 치는 사람은 자기의 심령이 가난함으로 그의 나라와 그의 의를 구하는 사람입니다.
심령이 가난하다는 것은 곧 성령이 없는 자라는 뜻입니다.

> * **이 사람들은 육신에 속한 자며 성령은 없는 자니라**(유 1:19절).

오늘도 말세를 만난 사람은 예수 그리스도로 말미암아 그리스도를 알게 됨으로 율법이 마침이 되어야 하며 큰 구원을 얻어 생명과 평안 안에서 영생을 누리며 살아야 합니다.
이제 그리스도를 알게 됨으로 말세가 끝난 사람은 하나님의 형상과 모양으로 닮아갑니다.
하나님의 모든 지혜와 지식과 계시의 정신을 받은 사람은 그리스도를 알게 되고 또 하나님을 만나게 됩니다.
예수 그리스도로 말미암아 그리스도를 알아야 하나님도 만날 수 있습니다.
예수 그리스도 없이 하나님을 만날 수 있는 방법은 없습니다.
그러므로 유일하신 참 하나님과 그의 보내신 주 예수 그리스도를 아는 것이 영생을 얻는 길입니다.
그리스도는 사람의 명예, 권세, 돈으로 살 수 없으며 오직 예수 그리스도로 말미암아 하나님께 거저 선물로 받은 진리의 성령입니다.
이제 우리는 하나님께로부터 그리스도를 거저 선물로 받았으니 그리스도와 짝을 이루게 된 거룩한 백성입니다.

* **그러므로 하나님이 짝지어주신 것을 사람이 나누지 못할지니라**(막 10:9절).

하나님께서 짝 지어주신 그리스도를 어찌 사람이 나눌 수 있겠습니까?

하나님께서 나와 짝지어주신 분은? 진리의 성령 곧 그리스도입니다.

나와 짝이 된 그리스도를 나눌 수 없는 사람은? 진리의 성령을 받지 못한 육신에 속한 자들입니다.

하나님께서 우리에게 짝 지어주신 까닭은 하나님의 뜻과 목적을 이루시기 위함입니다.

하나님의 뜻과 목적은 율법의 완성인 사랑을 이루는 것입니다.

하나님의 창조의 원리는?

있어야 할 분이 있어야 할 곳에 있는 것입니다.

1 : 우리에게 있어야 할 분은 그리스도입니다.

2 : 그리스도께서 계셔야 할 곳은 사람의 마음입니다.

그러므로 우리의 마음 안에는 그리스도께서 계셔야 하며 그리스도는 우리의 마음 안에 계셔야 하기 때문에 사람의 마음이 필요하신 영입니다.

* **내 살을 먹고 내 피를 마시는 자는 내 안에 거하고 나도 그 안에 거하나니**(요 6:56절).

* **그리스도의 평강이 너희 마음을 주장 하게하라 평강을 위하여 너희가 한 몸으로 부르심을 받았나니 또한 너**

희는 감사하는 자가 되라.
그리스도의 말씀이 너희 속에 풍성히 거하여 모든 지혜로 피차 가르치며 권면하고 시와 찬미와 신령한 노래를 부르며 마음에 감사함으로 하나님을 찬양하고 또 무엇을 하든지 말에나 일에나 주 예수의 이름으로 하고 그를 힘입어 하나님 아버지께 감사하라(골 3:15~17절).

18

욥의 신앙

* **내가 주께 대하여 귀로 듣기만 하였더니 이제는 눈으로 주를 뵈옵나이다**(욥 42:5절).

욥은 당대에 의인이었습니다.

의인 중에는 도덕적인 의인과 영적인 의인이 있습니다.

도덕적인 의인? 율법을 지키려고 애쓰는 사람입니다.

영적인 의인? 율법을 이루려고 목숨까지 바치는 사람입니다.

율법은 지키는 것이 아니라 이루어지는 것입니다.

율법이 이루어짐은 곧 사랑입니다.

* **율법은 진노를 이루게 하나니 율법이 없는 곳에는 범함도 없느니라**(롬 4:15절).
* **그러므로 율법의 행위로 그의 앞에 의롭다 하심을 얻을 육체가 없나니 율법으로는 죄를 깨달음이니라**(롬3:20절).
* **기록된 율법 말씀을 이루려 함이라**(열하 23:24절하).

* **율법의 일점 일획 이라도 반드시 없어지지 아니하고 다 이루리라**(마 5:18절하).

그러므로 영적인 의인은 예수 그리스도로 말미암아 의가 이루어짐으로 죄 사함 받아 생명과 평안으로 살아갑니다.

욥은 당대에 하나님의 말씀을 귀로만 듣고 행위로 의롭다 함을 얻으려 했던 도덕적인 의인이었습니다.

그러나 욥은 욥기서 42:5절에 와서야 비로소 주를 눈으로 보나이다 라고 고백하는 것을 볼 수 있습니다.

욥은 처음에 귀로만 주의 말씀을 듣던 도덕적인 의인이었지만 나중에는 눈으로 주를 보는 영적인 의인이 되었습니다.

오늘 믿음의 사람들도 욥과같이 도덕적인 의인이 되었다가 나중에 영적인 의인이 되는 체험을 하여야 합니다.

* **그러므로 먼저는 신령한 자가 아니요 육 있는 자요 그 다음에 신령한 자니라**(고전 15:46절).

욥도 처음에는 신령한 자가 아니라 주의 말씀을 귀로만 들었던 육신에 속한 도덕적인 의인이었습니다.

그리고 나중에 영에 눈으로 주의 말씀을 보는 영에 속한 영적인 의인이 되었습니다.

오늘날 하나님의 말씀을 귀로 듣기만 하는 도덕적인 의인은 많은데 영의 눈으로 주의 말씀을 보는 영적인 의인은 적습니다.

도덕적인 의인은 예수님의 비유의 말씀은 잘 듣고 은혜를 받는데 예수 그리스도의 이루어지는 실상의 말씀은 듣지 못하고 깨닫지 못하고 분별력 없어 이루어지는 그리스도에 대한 말씀에 무관심하여 하나님의 말씀이 흘러 떠내려 갑니다.
그러나 영적인 의인은 주 예수 그리스도의 말씀을 듣고 눈으로 보고 주목하여 손으로 만지게 됩니다.

* **태초부터 있는 생명에 말씀에 관하여는 우리가 들은 바요 눈으로 본 바요 주목하고 우리 손으로 만진 바라**(요일 1:1절).

오늘도 도덕적인 의인은 율법의 말씀이 미래에 이루어질 것을 믿고 있지만 영적인 의인은 율법의 말씀이 오늘 현재 실상으로 이루어지는 것을 체험하며 살아갑니다.
도덕적인 의인은 곧 오신다는 예수님이 육신에 눈으로 보이도록 하늘에 뜬 구름을 타고 나팔 불며 오실 것을 무한정 기다리고 있습니다.
그러나 아무리 기다려도 오신다는 예수님은 육신에 눈으로 보이도록 오시는 분 아닙니다.
예수님은 죽은 지 삼일 만에 그리스도와 함께 부활하여 깨닫지 못하는 자들에게는 이미 도적같이 예수 그리스도로 오셨습니다.

* **영생은 곧 유일하신 참 하나님과 그의 보내신 자 예수 그리스도를 아는 것이니라**(요 17:3절하).

그러므로 반듯이 하나님께서 보내신 자 곧 예수 그리스도의 말씀을 듣고 깨달아야 합니다.
죄 사함을 받은 의인은 이미 도적같이 오신 예수 그리스도를 만나 생명과 평안으로 살아가고 있습니다.

* **오직 의인은 믿음으로 말미암아 살리라**(롬 1:17절).

믿음은 눈으로 보이는 것이 아니라 마음 안에 이루어진 확신입니다.

* **예수를 죽은 자 가운데서 살리신 이의 영이 너희 안에 거하시면 그리스도 예수를 죽은 자 가운데서 살리신 이가 너희 안에 거하시는 그의 영으로 말미암아 너희 죽을 몸도 살리시리라**(롬 8:11절).
* **나더러 주 여 주여 하는 자마다 천국에 다 들어갈 것이 아니요 다만 하늘에 계신 내 아버지의 뜻대로 행하는 자라야 들어가리라**(마 7:21절).

하나님의 뜻은 입술로만 주여 주여 하는 것이 아니라 실상으로 그리스도께서 내 안에 들어오셔서 말씀이 다 이루어져야 합니다.

* **항상 기뻐하라**
* **쉬지 말고 기도하라**
* **범사에 감사하라**

이는 그리스도 예수 안에서 너희를 향하신 하나님의 뜻 이니라(살전 5:16~18절).

첫째 : 항상 기뻐하라.
(언제나 기쁨이 되시는 말씀을 먹어라).

둘째 : 쉬지 말고 기도하라.
(네 안에 계신 기쁨이 되신 말씀과 교통하라).

셋째 : 범사에 감사하라.
(율법이 사랑으로 이루어질 때 감사가 됩니다).

* **이는 우리가 다 하나님의 아들을 믿는 것과 아는 일에 하나가 되어 온전한 사랑을 이루어 그리스도의 장성한 분량이 충만한 데까지 이루게 하려 하심이라**(엡 4:13절).
* **예배하는 자는 신령과 진정으로 예배할지니라**(요 4:24절).

신령이란? 진리의 성령입니다(요 16:13절).
진정이란? 하나님의 말씀입니다(요 1:1절).
하나님의 말씀 안에는 진리의 성령이 살아서 역사하고 계십니다.
진리의 성령은 하나님께서 말씀 안에 비밀로 감춰놓으신 그리스도입니다.

* **우리를 그리스도의 일군이요 하나님의 비밀을 맡은 자로 여길지어다**(고전 4:1절).
* **무릇 하나님의 영으로 인도함을 받는 그들은 곧 하나님의 아들이라**(롬 8:14절).
* **만일 너희 속에 하나님의 영이 거하시면 너희가 육신에 있지 아니하고 영에 있나니 누구든지 그리스도의 영이 없으면 그리스도의 사람이 아니니라**(롬 8:9절).
* **하나님은 죽은 자의 하나님이 아니라 산 자의 하나님이니라**(막 12:27절).

죽은 자란? 그리스도의 영이 없는 육신에 속한 자입니다.
산 자란? 그리스도와 함께 하는 영에 속한 자입니다.

예수께서 죽으셨다가 삼 일만에 다시 살아나도록 역사하신 이가 그리스도 곧 진리의 성령입니다.

* **예수를 죽은 자 가운데서 살리신 이의 영이 너희 안에 거하시면**(롬 8:11절상).

십자가에 달려 죽은 예수께 진리의 성령이 임하심으로 살아났으니 예수 그리스도가 되셨습니다.

* **그러하나 진리의 성령이 오시면 그가 너희를 모든 진리 가운데로 인도 하시리니**(요 16:13절상).

그러므로 반듯이 진리의 성령을 받아야 진리 안으로 인도함을 받고 사도바울과 같이 성경에 능한 자가 될 수 있습니다.
만약 진리의 성령을 받지 못한 자라면 그는 복음의 입을 열지 말고 잠잠하여야 합니다.
그 사람이 입을 열게 되면 성령의 인도함을 받지 못함으로 하나님의 말씀을 실수하여 전할 수 밖에 없는 불법을 행하는 자입니다.

* **이 사람들은 당을 짓는 자며 육에 속한 자며 성령은 없는 자니라**(유 1:19절).

하나님의 말씀은 사람의 지식과 도덕적인 문제를 다루는 책이 아니라 죽은 영혼을 살려주는 구원의 책이요 모든 말씀이 이루어지는 사랑의 책입니다.
하나님은 영이기 때문에 영의 눈이 있어야 하나님을 볼 수 있고 영에 귀가 열려야 하나님의 말씀을 들을 수 있습니다.

* **너희 눈은 봄으로 너희 귀는 들음으로 복이 있도다**(마

13:16절).

* **천국의 비밀을 아는 것이 너희에게는 허락되었으나 저희에게는 아니 되었나니**(마 13:11절).
* **너희가 듣기는 들어도 깨닫지 못할 것이요 보기는 보아도 알지 못하리라**(마 13:14절).
* **그러므로 하늘에 계신 너의 아버지의 온전하심과 같이 너희도 온전하라**(마 5:48절).
* **미련한 자들은 등을 가지되 기름은 가지지 아니하고 슬기 있는 자들은 그릇에 기름을 담아 함께 가져갔더니**(마 25:3~4절).

열 처녀 중에 슬기로운 다섯 처녀는 등과 기름을 준비함으로 주님을 맞이했으나 미련한 다섯 처녀는 등만 준비함으로 주님을 영접하지 못하였습니다.

슬기로운 처녀들이 준비한 등은 말씀이요 기름은 진리의 성령입니다.

그러나 미련한 처녀들은 등만 준비하고 진리의 성령은 받지 못한 자입니다.

하나님께서 기뻐 받으시는 예배는 등과 기름을 준비한 슬기로운 다섯 처녀같이 신령과 진정으로 드리는 예배입니다.

이는 곧 물과 피로 임하신 성령의 예배입니다.

그러나 미련한 처녀들은 성령없이 등으로만 예배를 드렸습니다.

오늘날 우리들이 드리는 예배도 마찬가지입니다.

슬기로운 다섯 처녀같이 등과 기름을 준비한 의인들이 드리는 예배가 있고 미련한 다섯 처녀같이 등만 준비한 죄인들이 드리는 예배가 있습니다.

그러므로 죄인이 의인의 회중에 들지 못하는 것입니다.

* **죄인이 의인의 회중에 들지 못하리로다**(시 1:5절).

등과 기름을 준비한 슬기로운 사람은 영의 눈으로 보이는 부활의 표적을 따르며 그리스도 안에 있고 에덴동산 안에 있는 자입니다.

그러나 등만 준비한 미련한 사람은 육신에 눈으로 보이는 기적과 표적을 따르며 그리스도 밖에 있고 에덴동산 밖에 있는 자입니다.

* **또 내가보니 보라 어린양이 시온 산에 섰고 그와 함께 십사만 사천이 섰는데 그 이마에 어린양의 이름과 그 아버지의 이름을 쓴 것이 있도다**(계 14:1절).

시온 산이란? 죽었다가 그리스도와 함께 다시 살아나신 예수 그리스도입니다.

예수 그리스도는 하나님의 모든 말씀으로 이루어진 분입니다.

어린양의 이름은? 십자가를 짊어지실 예수님입니다.

아버지의 이름은? 살아 있는 말씀입니다.

세상 죄를 지고 가는 어린양이 시온산에 섰다는 것? 곧 예수가 예수 그리스도가 되어 율법의 완성인 사랑이 이루어졌다는 뜻입니다.

사랑이 이루어져야 그와 함께 십사만 사천이 시온 산에 설 수 있습니다.
곧 사랑이 이루어진 자는 많은 열매를 맺습니다.
그러므로 십사만 사천을 사람의 생각으로 한 사람 두 사람 세는 숫자로 생각할 것이 아니라 예수 그리스도로 말미암아 그리스도와 함께 사랑이 이루어진 영에 속한 모든 사람을 뜻한다는 것을 생각하여야 합니다.
그러므로 십사만 사천은 하나님을 만난 자들이며 영에 속한 신령한 자들이며 생명과 평안으로 거룩하고 안식하며 사는 모든 자들입니다. 곧 율법의 완성인 사랑이 이루어진 자들입니다.

* **영에 생각은 생명과 평안이니라**(롬 8:6절).

귀 있는 자는 성령이 교회들에게 하시는 말씀을 들을지어다.

19

한번 죽는 것은 정한 이치

*** 한번 죽는 것은 사람에게 정하신 것이요 그 후에는 심판이 있으리니**(히 9:27절).

사람은 누구를 막론하고 어머니 뱃속에서 10개월을 살다가 세상에 태어날 때부터 한번 죽어 죄인으로 태어납니다.

사람은 세상 밖으로 나올 때부터 그리스도의 영을 받지 못한 채 죄인으로 태어나기 때문에 한 번 죽는 것이 사람에게 정한 이치입니다.

그러므로 사람은 그리스도의 영이 없으면 모두 죄인입니다.

*** 누구든지 그리스도의 영이 없으면 그리스도의 사람이 아니라**(롬 8:9절).

영혼이 죽어 세상에 태어난 죄인이 어느 날 예수 그리스도로 말미암아 그리스도에 대한 말씀을 듣고 그리스도의 믿음을 가짐으로 죄에서 구원받고 생명과 평안으로 살게 됩니다.

이는 생명과 성령의 법이 죄와 사망의 법에서 해방된 자들입니다.

죄와 사망의 법에서 해방되고 그리스도의 믿음을 가지려면 죽었다가 다시 살아나신 하나님의 아들 예수 그리스도를 만나야 합니다.
하나님의 아들 예수 그리스도는 십자가에 달려 죽었다가 삼일만에 다시 살아난 자요 남의 죄를 사할 수 있는 능력과 권세를 가진 자입니다.

* **너희가 뉘 죄든지 사하면 사하여 질 것이요 뉘 죄든지 그대로 두면 그대로 있으리라**(요 20:23절).

* **마음이 청결한 자는 복이 있나니 저희가 하나님을 볼 것이요**(마 5:8절).

죄에서 구원받으면 마음이 청결하여 하나님을 만나게 됩니다.
하나님은 말씀입니다(요 1:1절).
마음이 청결케 되었다는 뜻? 예수 그리스도로 말미암아 그리스도 안에서 더러운 죄 사함 받고 마음이 깨끗게 된 하나님을 만난 자입니다.

* **너희는 내가 일러준 말로 이미 깨끗하였으니**(요 15:3절).

하나님의 말씀은 육신에 생각을 영에 생각으로 바꿔주시는 살아 역사하시는 말씀입니다.
그러므로 그리스도는 알아도 되고 몰라도 되는 분이 아닙니다.
반듯이 몸과 마음과 뜻과 정성과 목숨을 다하여 죽은 영혼을 다시 살려주시는 그리스도를 영접하여야 합니다.
그러므로 이미 한번 죽어 태어난 죄인은 반듯이 죄에서 구원하실 예수 그리스도를 만나 부활의 영광을 누려야 합니다.

하나님은 죄에서 구원받아 빛이 된 자를 보시기에 심히 좋았더라 오늘도 말씀하고 계십니다(창 1:3절).
그러므로 그리스도에 대하여 들을 귀와 보는 눈과 만질 수 있는 손을 가지고 있어야 합니다(요일 1:1절).
그리스도에 대하여 들을 귀와 눈과 손이 없으면 그는 사람이 만든 수공 물입니다.

* **너희가 듣기는 들어도 깨닫지 못할 것이요 보기는 보아도 알지 못하리라 이 백성들이 마음이 완악하여 그 귀는 듣기에 둔하고 눈은 감았으니 이는 눈으로 보고 귀로 듣고 마음으로 깨달아 돌이켜 내게 고침을 받을까 두려워함이라**(마 13:14~15절).
* **빛이 어두움에 비취되 어두움이 깨닫지 못하더라**(요 1:5절).
* **우준하여 지각이 없으며 눈이 있어도 보지 못하며 귀가 있어도 듣지 못하는 백성이여 이를 들을지어다**(렘 5:21절).
* **멜기세덱은 살렘 왕이요 지극히 높으신 하나님의 제사장이라 첫째 의의 왕이요 또 살렘왕이니 곧 평강의 왕이요**(히 7:1절상~2절하).

오늘도 모든 사람들은 본토 친척 아비 집을 떠나 의에 왕 살렘왕 곧 평강의 왕이 되신 멜기세덱의 반차에 들어와야 합니다.
하나님의 말씀은 의요 살렘 곧 평강입니다.
하나님의 말씀을 받아 율법의 요구의 완성인 사랑이 이루어진 자는 의에 왕 살렘 왕 곧 평강의 왕이 됩니다.

하나님께서는 아브람에게 의에 왕 살렘 왕 곧 평강의 왕이 되게 하시기 위하여 본토 친척 아비 집을 떠나라 말씀하셨습니다.

* **여호와께서 아브람에게 이르시되 너는 너의 본토 친척 아비 집을 떠나 내가 네게 지시할 땅으로 가라**(창 12:1절).

본토 : 율법을 지키게 하는 말씀입니다.

율법은 지키는 것이 아니라 이루어지는 말씀입니다.

그러므로 본토에서 떠나야 합니다.

친척 : 자기 유익을 위하여 육신에 생각으로 믿는 믿음입니다.

* **육신에 생각은 사망이요**(롬 8:6절).

* **하나님의 의를 모르고 자기 의를 세우려고 힘써 하나님의 의를 복종치 아니하였느니라**(롬 10:3절).

아비집 : 율법을 지키도록 가리키는 몽학 선생과 같은 목자입니다.

* **땅에 있는 아비를 아비라 하지 말라**(마 23:9절).

땅에 있는 아비는 진리의 성령이 없는 육신에 속한 목자입니다.

* **육신에 속한 자며 성령이 없는 자니라**(유 1:19절).

그러므로 빨리 땅에 있는 아비 집에서 떠나야 합니다.

* **그러므로 너희가 선지자 다니엘에 말한 바 멸망의 가증한 것이 거룩한 곳에 선 것을 보거든 그때에 유대에 있는 자들은 산으로 도망 할지어다**(마 24:15~16절).

멸망의 가증한 것은 죄요 거룩한 곳은 거룩하신 하나님의 말씀이 거할 마음입니다.

거룩하신 하나님의 생명의 말씀이 담겨 있어야 할 마음 안에 가증한 죄가 있는 사람은 죄에서 구원받기 위하여 빨리 산으로 도망하여야 합니다.

도망하여야 할 산? 멸망의 가증한 죄를 사하여 줄 수 있는 말씀의 차원 높은 능력을 가진 예수 그리스도의 종입니다.

> * **너희가 뉘 죄든지 사하면 사하여 질 것이요 뉘 죄든지 그대로 두면 그대로 있으리라**(요 20:23절).

아브람은 율법을 지키는 사람으로서 가증한 죄가 거룩한 말씀이 있어야 할 마음 안에 있었습니다.

그러나 하나님께서 아브람에게 아브라함이라는 거룩한 자가 되게 하시기 위하여 본토 친척 아비 집을 떠나라 말씀하셨을 때 아브람은 말씀을 순종하여 본토 친척 아비 집을 떠나서 복의 근원인 아브라함이 되었습니다.

오늘도 본토 친척 아비 집을 떠나 산으로 도망하면 예수와 함께 십자가에 달려 죽고 예수 그리스도와 함께 다시 살아나 부활의 그리스도의 믿음을 갖게 되어 죄에서 구원을 받게 됩니다.

본토 친척 아비 집에 있을 때에는 부분적으로 알고 부분적으로 예언(말)합니다.

그러나 산으로 도망하면 율법이 마침이 되고 사랑이 이루어짐으로 온전한 큰 구원을 받게 되며 독생자의 영광을 보게 됩니다.

> * **아브라함은 강대한 나라가 되고 천하 만민은 그를 인하여 복을 받게 될 것이 아니냐**(창 18:18절).

20

마귀의 정체성

*** 너희는 너희 아비 마귀에게서 났으니 너희 아비의 욕심을 너희도 행하고자 하느니라**(요 8:44절).

*** 가로되 모든 궤계와 악행이 가득한 자요 마귀의 자식이요**(행 13:10절).

*** 이러므로 하나님의 자녀들과 마귀의 자녀들이 나타나나니 무릇 의를 행치 아니하는 자나 또는 그 형제를 사랑치 아니하는 자는 하나님께 속하지 아니하니라**(요일 3:10절).

마귀의 정체성은 자기 마음 안에 들어있는 욕심과 궤계등 입니다.

마귀를 물리치는 방법? 예수 그리스도로 말미암아 그리스도께서 마음 안에 들어오셔야 마귀의 정체는 사라집니다.

곧 어두움은 빛이 나타나면 사라집니다.

어두움은 마귀요 빛은 하나님입니다.

육신에 생각을 하는 자는 마귀의 영(세상의 영)이 마음 안에 들어 있고 영에 생각을 하는 자는 그리스도의 영(진리의 성령)이 마음 안에 들어 있습니다.

육신에 생각은 사망이며 하나님과 원수입니다.

> * **그러나 이모든 일에 우리를 사랑하시는 이로 말미암아 우리가 넉넉히 이기느니라**(롬 8:37절).

육신에 생각에서 영에 생각으로 바뀐 자는 악한 마귀를 이긴 자입니다.

그러므로 악한 마귀가 마음 안에서 완전히 떠나가는 것은 그리스도의 영으로 말미암아 율법의 완성인 사랑이 이루어지면 마귀의 정체성이 되는 욕심과 궤계는 사라집니다.

마귀의 자녀는 육신에 생각을 함으로 하나님과 원수가 되게 하는 정체성이고 하나님의 자녀는 영에 생각을 함으로 하나님과 하나가 됩니다.

> * **육신에 생각은 하나님과 원수가 되나니 이는 하나님의 법에 굴복치 아니할 뿐 아니라 할 수도 없음이니라**(롬 8:6~7절).
>
> * **육신에 자녀가 하나님의 자녀가 아니라 오직 약속의 자녀가 씨로 여기심을 받느니라**(롬 9:8절).
>
> * **육신에 생각은 사망이요 영에 생각은 생명과 평안이니라**(롬 8:6절).

그런데 어떻습니까?

육신에 생각을 영에 생각으로 바꾸지 않으면서 마귀야 물러가라

외쳐댑니다.

외친다고 과연 마귀가 떠나갈까요?

아닙니다.

마귀가 떠나가는 것은 오직 예수 그리스도로 말미암아 그리스도를 영접할 때 육신에 생각에서 영에 생각으로 바뀌짐으로 생명과 평안을 얻게 되니 그때 비로서 마귀가 물러가는 것입니다.

육신에 생각과 영에 생각은 멀리 있는 것이 아니라 네 마음과 네 입에 있습니다.

이 세상에서 사람의 육신에 생각을 영에 생각으로 바꿔놓을 수 있는 책은 오직 성령의 감동으로 성경에 기록된 하나님의 말씀뿐입니다.

그러므로 예수 그리스도로 말미암아 진리의 성령을 받아야만 생각이 바뀌집니다.

오늘도 육신에 생각에 머물러 있으면 그는 그리스도에 대하여 모르기 때문에 구원받지 못하여 어두운 사망의 지옥에서 사는 자입니다.

그러나 그리스도와 함께 영에 생각으로 사는 자는 생명과 평안으로 천국의 삶을 누리며 살고 있습니다.

그러므로 육신에 생각은 사망이요 영에 생각은 생명과 평안으로 생각의 차이가 천국도 되고 지옥도 됩니다.

* **하나님의 나라는 너희 안에 있느니라**(눅 17:21절).

사단 마귀의 정체성도 자기 마음 안에 있고 또 하나님의 나라의 천국의 정체성도 자기 마음 안에 있는 것입니다.

* **사람의 마음을 더럽히면 하나님께서 그 집을 멸하시느니라**(고전 3:17절).

예수 그리스도로 말미암아 그리스도를 영접하면 죄 사함을 받아 영에 생각의 지배를 받음으로 그 영혼은 깨끗하겠으나 그리스도를 영접하지 않은 자는 죄 사함을 받지 못함으로 그의 영혼은 육신에 생각의 죄의 지배를 받게 됨으로 그 마음은 더럽혀 있습니다.

* **그리스도께서 우리 마음 안에서 다시 사신 것이 없으면 우리가 전파하는 것도 헛되고 믿음도 헛된 것이니라**(고전 15:14절).
* **내가 보니 바다에서 한 짐승이 나오는데 뿔이 열이요 머리가 일곱이라 그 뿔에는 열 면류관이 있고 그 머리들에는 참람된 이름들이 있더라**(계 13:1절).
* **용이 짐승에게 권세를 주므로 용에게 경배하며 짐승에게 경배하여 가로되 누가 이 짐승과 같으뇨 누가 능히 이로 더불어 싸우리요 하더라**(계 13:4절).

바다란? 넓은 세상을 상징합니다.

뿔이 열과 머리가 일곱이란? 이 짐승은 바다에서 나왔는데 감히 누가 따라 할 수 없을 정도로 많은 지식을 가지고 큰 능력을 행하며 성도들을 이끄는 불법을 행하는 거짓목자입니다.

* **그날에 많은 사람이 나더러 이르되 주여 주여 우리가 주의 이름으로 선지자 노릇하며 주의 이름으로 귀신을 쫓아내며 주의이름으로 많은 권능을 행치 아니하였나이까 하리니 그때에 내가 저희에게 밝히 말하되**

내가 너희를 도무지 알지 못하니 불법을 행하는 자들아 내게서 떠나가라 하리라(마 7:22~23절).

* **죄를 짓는 자마다 불법을 행하나니 죄는 불법이라**(요일 3:4절).

* **후일에 어떤 사람들이 믿음에서 떠나 미혹케 하는 영과 귀신의 가르침을 좇으리라 하셨으니 자기 양심이 화인 맞아서 외식함으로 거짓말하는 자들이라**(딤전 4:1~2절).

오늘도 이런 거짓목자들이 바다 안에서 나오며 많은 사람들이 열 뿔 가진 용에게 경배하고 또 사람들은 짐승을 따르고 있습니다(계 13:1절).

* **이러므로 하나님의 자녀들과 마귀의 자녀들이 나타나나니**(요일 3:10절).

열 뿔 가진 용과 짐승들? 택함 받지 못한 목자들이며 진리의 성령이 없는 목자들입니다.

이들은 택함을 받지 못하고 청함만 받아서 약속의 가나안 땅까지 들어가지 못하고 계속 광야에서 성도들을 이끌고 있는 영혼이 죽은 목자입니다.

* **땅의 임금들도 그로 더불어 음행하였고 땅에 거하는 자들도 그 음행의 포도주에 취하였다 하고**(계 17:1절).

땅에 임금이란? 구원받지 못함으로 자기 마음 안에 있는 죄가 왕 노릇 하는 자입니다.

땅의 임금 안에는 자기를 사랑하는 욕심이라는 죄가 들어있습니다.

* **욕심이 잉태한 즉 죄를 낳고 죄가 장성한 즉 사망을 낳느니라**(약 1:15절).

욕심은 곧 자기를 사랑함으로 예수와 함께 십자가에 달려 죽지 않으려는 육신에 생각입니다.

* **육신에 생각은 사망이요 영에 생각은 생명과 평안이니라**(롬 8:6절).

그러므로 자기를 다스리는 죄의 임금이 자기 마음 안에 있으면서 하나님을 사랑한다고 하나 하나님께서 아시고 이 불법을 행하는 자들아 내게서 떠나가라 책망하십니다.

죄의 임금을 섬기는 자는 간음하는 자입니다.

간음하는 자들은 진리의 성령을 따르지 않고 악한 세상의 영과 하나되어 그 영을 따르는 자입니다.

이들은 좋은 포도주에 취하는 것이 아니라 악한 세상의 포도주에 취하여 악한 죄의 임금을 따르는 자입니다.

그러므로 십계명에서도 말씀하시기를 간음하지 말라.

간음이란? 하나님의 진리의 성령과 짝을 이루는 것이 아니라 세상의 영과 짝을 이루는 것입니다.

* **사랑하는 자들아 영을 다 믿지 말고 오직 영들이 하나님께 속하였나 시험하라 많은 거짓 선지자가 세상에 나왔음이니라**(요일 4:1절).

하나님의 영은 생명과 평안을 주시는 영에 생각을 하고 세상의 영은 저주와 사망을 주는 육신에 생각을 합니다.

하나님은 세상 영을 가진 자들을 가리켜 적 그리스도라 곧 이단에 속한 자라 말씀하십니다.

* **그 짐승의 수를 세어보라 그 수는 사람의 수니 육백육십륙이니라**(계 13:18절).

이 짐승은 오른손에나 이마에 표를 받은 자입니다.
오른손이란? 능력을 뜻합니다.
이마란? 생각을 뜻합니다.
육백육십륙?
육백이란? 바다에서 나온 능력 있는 목자입니다.
육십? 용을 따르는 짐승입니다.
육? 짐승을 따르는 사람입니다.
짐승이란? 진리의 성령이 없는 자입니다.
짐승의 표란? 진리의 성령을 받지 못한 거짓 목자들의 말입니다
그러므로 예수 그리스도의 말(표)을 들어야 할 것이며 짐승의 말(표)을 듣지 않도록 분별력이 있어야 합니다.

* **짐승이 입을 벌려 하나님을 향하여 훼방하되 그의 이름과 그의 장막 곧 하늘에 거하는 자들을 훼방하더라**(계 13:6절).

짐승은 진리의 성령을 받지 않는 사람으로써 오히려 성령을 훼방합니다.

* **용이 짐승에 권세를 주므로 용에게 경배하며 짐승에게 경배하여 가로되 누가 이 짐승과 같으뇨 누가 능히 이로 더불어 싸우리요 하더라**(계 13:4절).

용과 짐승과 사람은 진리의 성령을 받지 못하였으나 능력은 행

하는 종교인입니다.
그러므로 구원을 받고 구원을 받지 못함은 어떤 지도자를 만나 어떤 양식을 먹느냐에 따라 달라집니다.
오늘도 생명나무열매를 먹으면 구원받아 의인이 되고 선악과나무 열매를 먹으면 구원을 받지 못하여 짐승에게 경배합니다.
죄에서 구원받는 문제는 일생에서 가장 최대로 중대한 문제이지만 이 문제는 누가 대신 해결해 줄 수 있는 문제가 아니라 자기 스스로 구하고 찾고 두드려야 할 문제입니다.
칼은 없어서는 안 될 귀한 도구입니다.
칼을 잘 쓰면 좋은 도구가 되고 잘못 쓰면 화를 불러일으키는 도구로 변합니다.
마찬가지로 하나님의 말씀도 의를 행하면 구원받아 영원한 천국에서 영생을 누리며 살고 불의를 행하면 구원받지 못하고 영원한 형벌에 처하게 됩니다.
그러므로 내가 사람의 방언과 천사의 말을 할지라도… 내가 예언하는 능이 있어 모든 비밀과 모든 지식을 알고 또 산을 옮길 만한 모든 믿음이 있을지라도… 내가 내게 있는 모든 것으로 구제하고 또 내 몸을 불사르게 내어 줄지라도 사랑이 없으면 내게 아무 유익이 없습니다.
그러므로 주여 주여 하는 자마다 다 천국에 들어갈 것이 아니요 하나님의 뜻대로 행하는 자라야 들어갈 수 있습니다.
하나님의 뜻은 예수 그리스도로 말미암아 그리스도에 대하여 아는 일입니다.

21

물로 된 좋은 포도주

*** 예수께서 저희에게 이르시되 항아리에 물을 채우라 하신즉 아구까지 채우니 이제는 떠서 연회장에게 갖다 주라 하시매 갖다 주었더니 연회장은 물로 된 포도주를 맛보고 어디서 났는지 알지 못하되 떠온 하인들은 알더라 연회장이 신랑을 불러 말하되 사람마다 먼저 좋은 포도주를 내고 취한 후에 낮은 것을 내거늘 그대는 지금까지 좋은 포도주를 두었도다 하니라** (요 2:7~10절).

항아리는 변하기 쉬운 사람의 마음입니다.

좋은 포도주는 피 곧 살아 있는 생명의 말씀입니다.

연회장이 좋은 포도주의 맛을 알았다? 연회장은 좋은 포도주가 되는 그리스도에 대한 말씀을 듣고 깨달았으며 죽었던 영혼이 살아났다는 뜻입니다.

살아났다는 것? 죄 사함 받았다는 뜻입니다.

그러므로 오늘도 물로 된 좋은 포도주를 마시면 죽었던 영혼이 다시 살아납니다.

오늘 우리도 각 교회에서 복음이 전파될 때 물로 된 좋은 포도주를 마시도록 살아 있는 말씀을 선포하여야 합니다.

물로 된 좋은 포도주가 아니면 죽은 영혼을 다시 살릴 방법은 없습니다.

만약 물로 된 좋은 포도주를 먹이지 못한다면 그 목자는 더 큰 심판을 받게 될 것입니다.

* **내 형제들아 너희는 선생 된 우리가 더 큰 심판 받을 줄 알고 많이 선생이 되지 말라**(약 3:1절).

말씀을 가리키는 선생은 자신이 죽었다가 삼일 만에 그리스도와 함께 다시 살아난 체험을 한 자가 되어야 하며 율법이 마침이 되고 율법의 완성인 사랑을 이루고 영으로는 하나님처럼 사는 자라야 합니다.

이는 하나님의 뜻과 목적을 분명하고 확실하게 전파하는 자입니다.

참 목자는 생명의 말씀에 관하여 들은 자요 눈으로 본 자요 손으로 만진 자입니다.

* **우리가 들은 바요 눈으로 본 바요 주목하고 우리 손으로 만진 바라**(요일 1:1절).

그러나 거짓목자는 보고자 하였으되 보지 못하였으며 듣고자 하였으나 듣지 못합니다.

* **많은 선지자와 임금이 너희 보는 바를 보고자 하였으**

되 보지 못하였으며 너희 들은 바를 듣고자 하였으되 듣지 못하였느니라(눅 10:24절).

* **내가 진실로 너희에게 이르노니 많은 선지자와 의인이 너희 보는 것들을 보고자 하여도 보지 못하였고 너희 듣는 것들을 듣고자 하여도 듣지 못하였느니라** (마 13:17절).

* **천국의 비밀을 아는 것이 너희에게는 허락되었으나 저희에게는 아니 되었나니**(마 13:11절).

그러므로 복음을 전파하는 목자는 물로 된 좋은 포도주가 되는 말씀을 먹도록 인도하여야 합니다.

물과 좋은 포도주는 그리스도에 대한 말씀입니다.

* **물로만 아니요 물과 피로 임하느니라**(요일 5:6절).

물은 말씀이요 피는 좋은 포도주 곧 생명이신 그리스도입니다.

말씀 안에는 하나님께서 비밀로 감춰져 놓으신 그리스도께서 계십니다.

그리스도는 감춰져 있는 보화이기 때문에 영에 눈으로만 볼 수 있습니다.

* **너희의 보는 것을 보는 눈이 복이 있도다**(눅 10:23절하).
* **천국은 마치 밭에 감추인 보화와 같으니**(마 13:44절).
* **이 비밀은 만세와 만대로부터 옴으로 감춰있던 것인데 이제는 그의 성도들에게 나타났고**(골 1:26절).

비밀로 감춰져 있는 보화(그리스도)가 성도들에게 나타났습니다.

오늘도 마찬가지입니다.

하나님은 사람들이 많이 모이고 적게 모이는 데 관심을 두시지 않습니다.

감춰져 있는 이 보화를 캐낼 자가 누구냐를 찾고 계십니다.

* **그러므로 누구든지 주의 떡이나 잔을 합당치 않게 먹고 마시는 자는 주의 몸과 피를 범하는 죄가 있느니라. 사람이 자기를 살피고 난 후에야 이 떡을 먹고 마실지니 주의 몸을 분별치 못하고 먹고 마시는 자는 자기의 죄를 먹고 마시는 것이니라**(고전 11:29절).

그러므로 하나님 앞에 예배를 드릴 때 자기 자신을 살핀 후에야 말씀의 떡을 먹어야 할 것입니다.

어린아이와 같이 율법을 지킬 때는 초등학문을 가리키는 몽학선생 아래에서 말씀을 듣고 믿어야 합니다.

그러나 장성한 자가 되기 위하여 율법을 이룰 때는 예수 그리스도로 말미암아 그리스도에 대한 말씀을 듣고 믿어야 합니다.

주의하여야 할 것은 어린아이 때에 장성한 자들이 듣고 믿어야 할 율법을 이루는 말씀을 들어서는 안될 것이며 또 장성하게 될 사람이 어린아이와 같이 율법을 지키는 말씀을 듣거나 그 말씀에 매여 있다면 하나님께 책망을 듣게 됩니다.

* **때가 오래므로 너희가 마땅히 선생이 될 터인데 너희가 다시 하나님의 말씀의 초보가 무엇인지 누구에게 가르침을 받아야 할 것이니 젖이나 먹고 단단한 식물을 못 먹을 자가 되었도다**(히 5:12절).

그러므로 자기를 살핀 후에 자기 앞에 차려놓은 말씀의 상을 받아야 합니다.

* **그러므로 먼저는 신령한 자가 아니요 육 있는 자요 그 다음에 신령한 자니라**(고전 15:46절).

율법을 지킬 때에는 육신에 속한 자이기 때문에 얕은 물가에 들어가야 합니다.

그러나 율법을 이룰 때에는 영에 속한 자이기 때문에 깊은 물속으로 들어가면 큰 고기를 많이 잡아 올릴 수 있습니다.

귀 있는 자들은 성령이 교회들에게 하시는 말씀을 들을지어다.

22

왜 부활 신앙을 갖지 못하는가?

*** 대답하여 가라사대 천국의 비밀을 아는 것이 너희에게는 허락되었으나 저희에게는 아니 되었나니**(마 13:11절).

예수와 함께 십자가에 달려 죽지 못하면 예수 그리스도와 함께 다시 살아나 부활되지 못하기 때문에 부활신앙을 갖지 못합니다.

부활신앙을 갖지 못한 사람? 예수님의 비유의 말씀은 들을 수 있으나 예수 그리스도의 실상으로 이루어지는 말씀은 듣지 못합니다.

*** 그러므로 내가 저희에게 비유로 말하기는 저희가 보아도 보지 못하며 들어도 듣지 못하며 깨닫지 못함이로다**(마 13:13절).

*** 우리는 하나님께 속하였으니 하나님을 아는 자는 우리의 말을 듣고 하나님께 속하지 않은 자는 우리 말을 듣지 아니하나니 진리의 영과 미혹의 영을 이로써 아느니라**(요일 4:6절).

십자가에 달려 죽는다는 뜻? 그리스도의 진리의 성령을 받기 위하여 자기 의를 포기하는 자입니다.

믿음에는 자기 의에 대한 믿음과 하나님의 의에 대한 그리스도의 믿음이 있습니다.

> * **하나님의 의를 모르고 자기 의를 세우려고 힘써 하나님의 의를 복종치 아니하였느니라**(롬 10:3절).

자기 의를 세우려는 사람들은 하나님 보다 자기를 더 사랑하는 자입니다.

자기를 사랑하기 때문에 하나님의 의를 복종치 아니합니다.

그러므로 자기를 사랑하는 일에 대한 십자가의 죽음 없이는 다시 살아나는 죽은 영혼의 부활도 없습니다.

그러므로 십자가에 달려 죽는 순교 자는 어떤 사람인가?

하나님의 의를 얻기 위하여 자기 의를 버리는 사람입니다.

자기 의를 버리지 아니하면 하나님의 의를 이룰 수 없기 때문에 자기 의를 버리는 순교를 하여야 합니다.

자기 의를 버린다는 것은 곧 하나님의 의를 이루기 위하여 자기 목숨을 버리는 자입니다.

자기 의는 비유의 말씀으로 이루어진 믿음이며 하나님의 의는 실상으로 이루어진 그리스도의 믿음입니다.

> * **그러므로 한 알의 밀이 땅에 떨어져 죽지 아니하면 한 알 그대로 있고 죽으면 많은 열매를 맺느니라**(요 12:24절).

이제 자기 의를 버린 자는 육신에 생각을 예수와 함께 십자가에 못박고 삼일 만에 그리스도와 함께 다시 살아나 영에 생각으로 하나님의 의를 사랑하는 자로 거듭난 사람입니다.
사람이 어떻게 하나님을 사랑할 수 있겠습니까?
하나님을 사랑한다는 것? 곧 그리스도에 대하여 아는 일입니다.
그러므로 그리스도에 대하여 모르는 자는 하나님을 사랑하지 않는 자요 하나님과 원수 된 자입니다.
그러므로 자기 의를 십자가에 달려 죽이고 그리스도와 함께 다시 살아나 하나님의 의를 가진 확신한 증거를 가지고 있어야 합니다.
죄인과 의인의 차이는 하나님께서 비밀로 감춰놓으신 그리스도에 대하여 아느냐 모르느냐의 차이입니다

* **하나님의 비밀인 그리스도를 깨닫게 하려 함이라**(골 2:2절하).

하나님의 그리스도의 영이 임하시면 하나님을 사랑하게 됩니다.
하나님을 사랑하는 자는 이제 자기를 사랑하던 사랑과 자기의 유익을 위하여 쌓아 올린 욕심이라는 큰 바벨탑이 무너지기 시작합니다.

* **욕심이 잉태한즉 죄를 낳고 죄가 장성한즉 사망을 낳느니라**(약 1:15절).
* **너희는 너희 아비 마귀에게서 낳으니 너희 아비의 욕심을 너희도 행하고자 하느니라. 저는 처음부터 살인한 자요 진리가 그 속에 없음으로 진리에 서지 못하고 거짓을 말할 때마다 제 것으로 말하나니 저는 거짓말쟁이요.**
  거짓의 아비가 되었음이니라(요 8:44절).

욕심은 사람의 권세와 명예와 돈으로는 없어지지 않습니다.
오직 그리스도께서 마음 안에 빛으로 나타나면 마음 안에 있던 악한 사단 마귀가 되는 욕심이 사라집니다.

* **너희는 내가 일러준 말로 이미 깨끗하였으니**(요 15:3절).

* **하나님은 빛이시라**(요일 1:5절중).

오늘도 많은 사람들이 성경에 비밀로 감춰져 계신 그리스도에 대하여 알지 못하는 까닭에 생명과 평안을 얻지 못한 채 이 다음에 천국간다라고 착각하고 교회생활을 하는 경우가 많습니다.
만약 예수만 믿고 죄 사함을 받을 것 같았으면 다른 날을 말씀하지 않았을 것입니다. 다른 날이라 함은 곧 예수께서 떠나시고 예수 그리스도께서 나타나시는 날입니다.

* **내가 너희에게 실상을 말하노니 내가 떠나는 것이 너희에게 유익이라**(요 16:7절상).

예수께서 떠나가야 다시 다른 보혜사가 오실 수 있습니다.
다른 보혜사는 삼일 만에 다시 살아난 예수 그리스도와 함께 오신 진리의 성령입니다(요 14:17.16:13절).

* **그러므로 너희는 성령을 좇아 행하라 그리하면 육체의 욕심을 이루지 아니하리라**(갈 5:16절).

* **하나님은 한 분이요 또 하나님과 사람 사이에 중보도 한 분이시니 곧 사람이신 그리스도 예수라**(딤전 2:5절).

십자가에 달려 죽으신 예수님과 다시 살아나 부활하신 예수 그리스도가 사람이라는 말씀을 깊이 생각하여야 합니다.

* **마지막 나팔에 순식간에 홀연히 다 변화하리니**(고전 15:

51절).

* **그러나 먼저는 신령한 자가 아니요 육 있는 자요 그 다음에 신령한 자니라**(고전 15:46절).

첫째 나팔소리 = 율법을 지키게 하는 모세의 말씀

둘째 나팔소리 = 은혜를 받게 하는 비유로 말씀하신 십자가에 죽어야 할 예수의 말씀

마지막 나팔소리 = 죽었다가 다시 살아나 그리스도를 알게 하는 예수 그리스도의 말씀입니다.

육신의 생각에서 영에 생각으로 바꿔놓는 말씀은 마지막 나팔소리를 들을 때 번개가 번쩍하듯이 깨달음으로 변화됩니다.

그리스도를 알게 하는 예수 그리스도의 말씀을 듣는 순간 자기로부터 자기의식에서 벗어나 그리스도의 의식으로 바뀌지는 변화를 받고 그리스도의 율법의 요구의 완성인 사랑이 이루어지기 시작합니다.

율법의 완성인 사랑을 이루는 사람이 그리스도의 큰 구원받은 자요 하나님의 약속의 말씀을 받은 자입니다.

큰 구원받은 증거는? 육신에 생각으로 율법을 지키는 말씀에서 영에 생각으로 율법을 이루는 말씀으로 거듭나는 것입니다.

* **육신에 생각은 사망이요 영에 생각은 생명과 평안이니라**(롬 8:6절).

생명과 평안을 얻은 자는 죄인들을 죄에서 구원시킬 수 있는 능력의 권세를 받습니다.

* **그러므로 너희가 뉘 죄든지 사하면 사하여 질 것이요**

뉘 죄든지 그대로 두면 그대로 있으리라(요 20:22~23절).

* **너희는 그리스도의 것이요 그리스도는 아버지의 것이니라**(고전 3:23절).

너희와 그리스도와 하나님은 말씀으로 하나입니다.

* **우리가 그 영광을 보니 아버지의 독생자의 영광이요 은혜와 진리가 충만하더라**(요 1:14절).

하나님께서 기뻐하시는 사람은 독생자 아들 예수 그리스도의 영광을 보는 자입니다.

그리스도의 영광을 보는 자는 자기 자신이 어떤 사람인지 자기 정체성을 알게 됩니다.

* **우리가 그를 전파하여 각 사람을 가르침은 각 사람을 그리스도 안에서 완전한 자로 세우려 함이니라**(골 1:28절).

귀 있는 자들은 성령이 교회들에게 하시는 말씀을 들을지어다.

23

불법을 행하는 자와 의를 행하는 자

*** 그 날에 많은 사람이 나더러 이르되 주 여 주여 우리가 주의 이름으로 선지자 노릇하며 주의 이름으로 많은 권능을 행하지 아니하였나이까? 하리니 불법을 행한 자들아 다 내게서 떠나가라**(마 7:22~23절).

이들은 많은 능력을 행하였으나 참선지자가 아니라 선지자 노릇을 한 불법을 행하는 자입니다.

*** 이제는 율법 외에 하나님의 한 의가 나타났으니 율법과 선지자들에게 증거를 받은 것이라 곧 예수 그리스도를 믿음으로 말미암아 모든 믿는 자에게 미치는 하나님의 의니 차별이 없느니라**(롬 3:21~22절).

율법 외에 하나님의 한 의로 나타나신 그리스도를 아는 이들은 예수와 함께 죽고 그리스도와 함께 다시 살아난 믿음으로 의를 행하는 자입니다.

율법 외에 나타난 하나님의 한 의는 구원에 주체가 되시는 그리스도입니다.

그러므로 아무리 큰 능력이 있다 할지라도 그리스도에 대하여 알지 못하면 그들은 눈에서 비듬이 떨어지지 않은 소경이요 율법의 완성인 사랑이 없는 자요 불법을 행하는 자들입니다.

* **내가 예언하는 능이 있어 모든 비밀과 모든 지식을 알고 또 산을 옮길 만한 모든 믿음이 있을지라도 사랑이 없으면 내가 아무 것도 아니요 내가 내게 있는 모든 것으로 구제하고 또 내 몸을 불사르게 내어줄지라도 사랑이 없으면 내게 아무 유익이 없느니라**(고전 13:2~3절).

그러므로 주의 이름으로 선지자 노릇하며 주의 이름으로 귀신을 쫓아내며 주의 이름으로 많은 권능을 행하였을지라도 하나님의 사랑이 없으면 불법을 행하는 자입니다.

하나님의 사랑은 그리스도에 대하여 알아야 사랑이 이루어집니다.

우리가 꼭 기억하고 알아야 할 일은 하나님은 영이시니 구원의 근본과 주체가 되시는 그리스도에 대하여 알아야 합니다.

* **그리스도의 영이 없으면 그리스도의 사람이 아니라**(롬 8:9절하).

그러므로 그리스도에 대하여 알지 못하고 말씀을 전파한다면 그는 구원받지 못한 자로써 그의 복음은 울리는 꽹과리와 소리 나는 구리와 같습니다.

그러나 예수 그리스도로 말미암아 그리스도를 알게 되면 거룩하고 의로운 자가 되며 율법의 요구의 완성인 사랑을 이루는 자가 됩니다.

사랑을 이룬 자는 하나님의 선한 일을 행하게 됩니다.

선한 일이란? 그리스도에 대하여 아는 일입니다.

선한 이는 하나님 한분밖에 없습니다.

선한 일을 행한 자들은 영에 속한 신령한 자가 되었기에 그 이름이 생명책에 녹명됩니다.

생명책에 녹명되었다함? 하나님의 말씀과 자기가 확신하는 의에 믿음과 일치된 것입니다.

* **우리가 어떻게 하여야 하나님의 일을 하오리까 예수께서 대답하여 가라사대 하나님의 보내신 자를 믿는 것이 하나님의 일이니라**(요 6:28~29절).

하나님께서 보내신 자는 누구입니까?

첫째 : 산영과 함께 첫 사람아담으로 오신 예수님입니다.

둘째 : 살려주는 영과 함께 마지막 아담으로 오신 예수
그리스도입니다.

* **기록된바 첫 사람 아담은 산 영이 되었다 함과 같이 마지막 아담은 살려주는 영이 되었나니**(고전 15:45절).

* **사람이신 그리스도 예수라**(딤전 2:5절).

하나님은 처음에 산 영을 가지고 비유로 말씀하신 예수님을 우리의 본으로 보내셨습니다.

그리고 그 다음에 살려주는 영을 가지고 실상으로 말씀하신 예수 그리스도를 본으로 보내셨습니다.

우리가 주목하여야 할 말씀은 그리스도 예수가 아담 곧 사람이라는 것입니다.

* **아담이란 사람이란 뜻입니다.**

하나님께서는 사람을 통하여 역사하시며 사람이 산영을 받았다가 죽고 다시 살려주는 영을 받아 살아나는 것입니다.

그러므로 우리에게 성령(산영)을 받게 하시고 진리의 성령(살려주는 영)을 받게 하시는 하나님입니다.

예수님 : 산영이 되신 보혜사와 함께 오셔서 비유의 말씀하도록 하시고 때가 되어 십자가에 달려 죽게하셨습니다.

예수 그리스도 : 살려주는 영이 되신 다른 보혜사 곧 진리의 성령과 함께 오셔서 실상의 말씀을 하시므로 생명의 성령의 법이 죄와 사망의 법에서 해방시켜주시며 율법의 요구의 완성인 사랑이 이루어지도록 진리 가운데로 인도하셨습니다.

* **그러므로 먼저는 신령한 자가 아니요 육 있는 자요 그 다음에 신령한 자니라**(고전 15:46절).

먼저오신 예수님과 그 다음에 오신 예수 그리스도에 대하여 알아야 하나님의 모든 말씀의 뜻을 알 수 있고 말씀이 풀려지기 시작합니다.

* **진리의 성령이 오시면 그가 너희를 모든 진리 가운데로 인도하시리니**(요 16:13절).

하나님은 우리가 교회를 다닌다고 처음부터 진리의 성령을 받게 하시지 않습니다.

그러므로 먼저는 신령한 자가 아니요 육 있는 자요 그 다음에 신령한 자가 되도록 인도하십니다.
육 있는 자란? 율법을 지킴으로 죄와 사망의 법 안에 갇혀 있는 자입니다.
신령한 자란? 율법을 이룸으로 생명과 성령의 법이 죄와 사망의 법에서 해방된 자입니다(롬 8:2절).
육신에 생각은 율법에 매여 있는 상태이며 영에 생각은 진리의 성령과 함께 있는 상태입니다.

*** 육신에 생각은 사망이요 영에 생각은 생명과 평안이니라**(롬 8:6절).

*** 볼찌어다 구름을 타고 오시리라 각인의 눈이 그를 보겠고 그를 찌른 자도 볼터이요 땅에 있는 모든 족속이 그를 인하여 애곡하리니 그러하리라 아멘**(계 1:7절).

구름은 비요 비는 말씀입니다.
예수께서 죽었다가 삼일 만에 다시 살아나신 예수 그리스도는 그리스도와 함께 구름을 타고 나타나십니다.
곧 예수 그리스도는 그리스도의 말씀을 가지고 오신다는 뜻입니다.

*** 꿈에 본즉 사닥다리가 땅 위에 섰는데 그 꼭대기가 하늘에 닿았고 또 본즉 하나님의 사자가 그 위에서 오르락 내리락 하고**(창 28:12절).

야곱이 사닥다리 타고 오르락 내리락 하는 꿈을 꾼 것이 곧 예수께서 구름 속으로 들어갔다가 예수 그리스도께서 구름 타고 내려오신 것같이 율법의 완성인 사랑을 이룬 사람은 복음을 전파하기 위하여 오르락 내리락 할 것입니다.
그러므로 율법의 완성인 사랑을 이루어 예수 그리스도의 분량에까지 믿음이 올라간 사람은 다시 낮고 천한 구원받지 못한 죄인을 구원시키기 위하여 구름타고 내려오기 때문에 오르락 내리락 하는 것입니다.
예수께서 비유의 말씀을 하실 때에는 그리스도께서 구름 속에 숨어 있어 하나님을 만날 수 없습니다.
그러나 예수 그리스도로 말미암아 실상의 말씀을 하실 때에는 그리스도께서 구름 속에서 나타나 하나님을 만날 수 있습니다.

* **그러므로 내가 저희에게 비유로 말하기는 저희가 보아도 보지 못하며 들어도 듣지 못하며 깨닫지 못함이니라 이사야의 예언이 저희에게 이루었으니 일렀으되 너희가 듣기는 들어도 깨닫지 못할 것이요 보기는 보아도 알지 못하리라**(마 13:13~14절).
* **하나님께 속한 자는 하나님의 말씀을 듣나니 너희가 듣지 아니함은 하나님께 속하지 아니하였음이로다**(요 8:47절).
* **어찌하여 내 말을 깨닫지 못하느냐 이는 내 말을 들을 줄 알지 못함이로다 너희는 너희 아비 마귀에게서 났으니 너희 아비의 욕심을 너희도 행하고자 하느니라**(요 8:43.44절하).
* **내가 진실로 너희에게 이르노니 많은 선지자와 의인이 너희 보는 것들을 보고자 하여도 보지 못하였고 너희 듣**

는 것들을 듣고자 하여도 듣지 못하였느니라(마 13:17절).

그러므로 육신의 생각을 가지고 육신에 눈으로 성경을 본다면 구름 속에 있는 그리스도를 볼 수 없습니다.

그러나 영에 생각을 가지고 영에 눈으로 성경을 본다면 구름 속에 있는 그리스도께서 나타나실 것입니다.

* **그러나 너희 눈은 봄으로 너희 귀는 들음으로 복이 있도다**(마 13:16절).

* **대답하여 가라사대 천국의 비밀을 아는 것이 너희에게는 허락되었으나 저희에게는 아니 되었나니**(마 13:11절).

* **그러므로 악인이 심판을 견디지 못하며 죄인이 의인의 회중에 들지 못하리로다**(시 1:5절).

24

하나님의 나라

* **하나님의 나라는 여기 있다 저기 있다고도 못하리니 너희 안에 있느니라**(눅 17:21절).

그리스도 안에 있으면 그 마음은 하나님의 나라가 됩니다.

* **영접하는 자 곧 그 이름을 믿는 자들에게는 하나님의 자녀가 되는 권세를 주셨으니**(요 1:12절).

세례요한 : 회개하라 천국이 가까이 왔느니라 외친 말씀은 비유로 말씀하실 예수님의 말씀을 믿으라는 뜻입니다.

예수님 : 회개하라 천국이 가까이 왔느니라 외친 말씀은 죽었다가 삼일 만에 다시 살아나 부활하여 실상을 말씀하실 예수 그리스도의 말씀을 믿으라는 뜻입니다.

그러므로 비유의 말씀을 하신 예수님과 실상의 말씀을 하신 예수 그리스도의 말씀차원의 크기를 알아야 합니다.

예수님의 비유의 말씀의 가치는 모래 위에 세운 집과 바람에 나는 겨와 같습니다. 곧 어린아이와 같은 믿음입니다.

그러나 예수 그리스도의 실상의 말씀은 무너지지 않는 반석 위에 지은 집과 같이 최고의 가치와 영광된 말씀 곧 하늘에 속한 신령한 자들의 장성한 믿음입니다.

하나님의 영력은 높고 넓고 길고 깊은 분량입니다.

* **주 너의 하나님을 사랑하라**(막 12:30절).

우리가 어떻게 하나님을 사랑할 수 있겠습니까?

하나님을 사랑할 수 있는 방법? 오직 예수 그리스도로 말미암아 그리스도를 영접하는 길입니다.

* **누구든지 사람 앞에서 나를 시인하면 나도 하늘에 계신 내 아버지 앞에서 저를 시인할 것이요 누구든지 사람 앞에서 나를 부인하면 나도 하늘에 계신 내 아버지 앞에서 저를 부인하리라**(마 10:32~33절).

우리가 하나님을 시인한다는 뜻은 하나님의 말씀과 일치되어 생명의 길로 들어간다는 뜻이요 하나님을 부인한다는 뜻은 하나님의 말씀과 일치되지 못하고 멸망의 길로 간다는 뜻입니다.

* **이와 같이 그리스도도 많은 사람의 죄를 담당하시려고 단번에 드리신바 되셨고 구원에 이르게 하기 위하여 죄와 상관없이 자기를 바라는 자들에게 두 번째 나타나시리라**(히 9:28절).

첫 번째 나타나신 분 : 예수께서 산영과 함께 첫 번째 초림 주로 나타나셨습니다.

두 번째 나타나신 분 : 죽었다가 삼일 만에 다시 예수 그리스도께서 살려주는 영과 함께 두 번째 재림 주로 나타나셨습니다.

산영과 함께 오신 예수님은 비유로 말씀하셨고 살려주는 영과 함께 오신 예수 그리스도는 실상을 말씀하셨습니다.

살려주는 영을 받는 길은 곧 구원을 받고 영생을 얻는 길입니다.

*** 영생은 곧 유일하신 참 하나님과 그의 보내신 자 예수 그리스도를 아는 것이니라**(요 17:3절).

*** 지극히 높은 곳에서는 하나님께 영광이요 땅에서는 기뻐하심을 입은 사람들 중에 평화로다**(눅 2:14절).

1 : 높은 곳에서는 하나님께 영광? 예수 그리스도의 말씀의 높은 차원은 하나님의 영광된 사람으로 만드십니다.

예수 그리스도의 차원 높은 말씀은 그리스도에 대하여 알리심으로 은혜와 진리가 충만하여 하나님의 영광에 이르게 됩니다.

*** 말씀이 육신이 되어 우리 가운데 거하시매 우리가 그 영광을 보니 아버지의 독생자의 영광이요 은혜와 진리가 충만하더라**(요 1:14절).

아버지의 그 영광을 본 사람은 은혜와 진리가 충만하여 율법의 완성인 사랑을 이룬 사람입니다.

2 : 땅에서는 평화? 땅 곧 육신에 속한 자가 그리스도를 영접하게 되면 영에 속한 자로 변화 받아 평화가 됩니다.

이제 평화 된 사람은 영광의 사람이 되도록 하나님 앞에 충성을 다하여야 할 것입니다.

평화는 하나님과 사람 사이에 막혀 있던 죄 사함을 받음으로 구원을 받은 자입니다.

구원받은 자는 생명의 성령의 법이 죄와 사망의 법에서 해방된 자입니다.

그러므로 영광의 사람이 되기 위하여 먼저 평화가 이루어져야 하며 점점 하나님의 말씀을 깨닫고 알게 되어 장성한 자가 되면 하늘에 영광의 사람이 됩니다.

* **처음하늘과 처음 땅이 없어지고 새 하늘과 새 땅이 되었도다**(계 21:1절).

처음하늘과 처음 땅은 곧 옛사람입니다.

새 하늘과 새 땅은 옛 사람이 변하여 새사람으로 변화된 사람입니다.

옛 사람은 예수께서 하신 비유의 말씀을 들은 자이며 새 사람은 죽었다가 다시 살아난 예수 그리스도께서 하신 말씀을 들은 자입니다.

* **하늘이여 귀를 기울이라 내가 말하리라 땅은 내입의 말을 들을지어다**(신 32:1절).

하나님께서 아들 예수를 세상에 보내시고 어느 때까지 비유의 말씀을 하게 하시다가 때가 되어 그를 십자가에 달려 죽게 하셨고 죽은 예수를 삼일 만에 그리스도와 함께 다시 부활시켜 예수 그리스도의 이름을 가지고 세상에 보내신 하나님의 목적은 생명과 성령의 법이 죄와 사망의 법 안에 갇혀있는 죄인들을 죄에서 구원받게 하시고 그리스도 안에서 참 자유를 누리는 당신의 백성이 되도록 만드시기 위함입니다.

초림으로 오신 하나님의 아들 예수님과 죽었다가 다시 살아나 재림으로 오신 아들 예수 그리스도는 하나님으로부터 왜 세상에 보내심을 받았는지 그 목적과 뜻을 분명하게 알고 오셔서 실천하신 분입니다.
그러므로 어느 때가 되매 예수님은 내가 떠나는 것이 너희에게 유익이라 말씀하셨고 예수 그리스도는 내가 와서 실상을 말하노니 라고 말씀하신 것입니다.
비유로 말씀하신 예수님과 죽었다가 다시 삼일 만에 살아나 부활하여 오셔서 실상을 말씀하신 예수 그리스도께서 행하신 목적과 기능과 효과가 어떻게 다른지 그 실상을 알아야 합니다.
예수님과 예수 그리스도는 우리의 본으로 오셔서 각자 다른 역할을 행하셨으나 사실 두 분은 한 분입니다.
비유로 말씀하시던 예수님이 죽었다가 다시 살아나 부활하심으로 실상을 말씀하셨기 때문입니다.

* **주도 하나요 믿음도 하나요 세례도 하나요 하나님도 하나이시니 곧 만유의 아버지시라**(엡 4:5~6절).

오늘날 우리도 예수님과 같이 비유의 말씀으로 충성하다가 때가 차면 죽었다가 다시 살아나 실상의 말씀을 전파하는 예수 그리스도의 종으로써 그리스도에 대한 말씀으로 충성을 다하여야 할 것입니다.
예수 그리스도의 종으로 충성하는 자는 하나님께서 감춰 놓으신 비밀에 대하여 깨달은 자입니다.
하나님께서 말씀 안에 감춰놓으신 비밀은 그리스도입니다.

* **하나님의 비밀인 그리스도를 깨닫게 하려함이라**(골 2:2절).

* **그런즉 누구든지 그리스도 안에 있으면 새로운 피조물이라.**
이전 것은 지나갔으니 보라 새 것이 되었도다(고후 5:17절).

* **사람이 마땅히 우리를 그리스도의 일군이요 하나님의 비밀을 맡은 자로 여길지니라**(고전 4:1절).

* **보라 내가 너희에게 비밀을 말하노니**(고전 15:51절).

그러므로 전도란 그리스도에 대하여 모르는 자에게 그리스도를 알리는 것입니다.

그리스도에 대하여 알고 깨달을 때 율법이 마침이 되고 구원받아 생명과 평안으로 살게 됩니다.

* **보라 지금은 은혜 받을 만한 때요 보라 지금은 구원의 날이로다**(고후 6:2절).

지금은 예수님의 비유의 말씀으로 은혜받고 예수 그리스도의 말씀으로 구원을 받을 때입니다.

* **하나님은 말씀입니다**(요 1:1절).

지옥과 천국은 미래에 이루어지는 것이 아니라 오늘 마음안에서 이루어지는 것입니다.

오늘 그리스도로 말미암아 죄에서 구원받았으면 생명과 평안으로 하나님의 나라가 되고 구원받지 못하였으면 죄와 사망 안에서 지옥사람으로 살아가는 것입니다.

* **또 여기 있다 저기 있다고도 못 하리니 하나님의 나라는 너희 안에 있느니라**(눅 17:21절).

25

구름 속으로 끌려

*** 그 후에 우리 살아남은 자도 저희와 함께 구름 속으로 끌어올려 공중에서 주를 영접하게 하시리니 그리하여 우리가 항상 주와 함께 있으리라**(살전 4:17절).

1 : 구름은 비요

2 : 비는 말씀이요

3 : 공중은 주님을 모실 수 있는 사람의 마음공간입니다.

그러므로 구름 속으로 끌려 올려 공중에서 주를 영접한다는 뜻? 예수 그리스도로 말미암아 말씀을 들을 때 그리스도안으로 들어가 공중에서 주님을 만나는 것입니다.

곧 마음안에 그리스도를 영접하는 자입니다.

*** 영접하는 자 곧 그 이름을 믿는 자들에게는 하나님의 자녀가 되는 권세를 주셨으니**(요 1:12절).

*** 영원토록 너희와 함께 있게 하시리니 저는 진리의 영이라**(요 14:16절하~17절상).

* **믿음으로 말미암아 성령의 약속을 받게 하려 함이니라**

(갈 3:14절).

진리의 성령의 역사하심으로 믿어지는 믿음은 보이는 것이 아니요 마음의 손으로 만져지는 확신입니다.

* **믿음은 바라는 것들의 실상이요 보지 못하는 것들의 증거니**(히 11:1절).

진리의 성령을 받으면 모든 진리 가운데로 인도해주십니다.

곧 구름 속으로 끌려 올려 공중에서 주님을 만나는 통로는 그리스도뿐입니다.

그러므로 입술로는 믿음이 있노라 하고 그리스도 안으로 끌려 올림 받지 않으면 하나님께서 원하시는 그리스도의 믿음을 가질 수 없습니다.

* **오직 의인은 믿음으로 말미암아 사느니라**(롬 1:17절).

그리스도 안으로 끌려 들림 받기 전에는 종과 다름없어 죄에 팔려 죄 아래에 갇혀 있을 때입니다.

그러나 그리스도 안으로 끌려 들림 받으면 그는 그리스도와 연합한 자 되어 주가 내 안에 내가 주 안에 있습니다.

이들은 아브라함의 자손이요 멜기세덱의 반차에 들어온 자입니다.

멜기세덱은 의의 왕이요 살렘 곧 평강의 왕입니다.

아브라함도 멜기세덱을 본받은 의의 왕이요 평강의 왕이 되었습니다.

우리도 마찬가지입니다.

공중에서 주를 만나면 의의 왕 곧 평강의 왕 노릇을 할 수 있습니다.

십자가에 달려 죽었다가 다시 살아나 그리스도 안으로 끌려 들림 받아 들어간 자와 들어가지 못한 자의 차이점은 하나님의 말씀을 바라보는 개념의 차이입니다.

* **천국의 비밀을 아는 것이 너희에게는 허락되었으나 저희에게는 아니되었나니**(마 13:11절).

* **내가 진실로 너희에게 이르노니 많은 선지자와 의인이 너희 보는 것들을 보고자 하여도 보지 못하였고 너희 듣는 것들을 듣고자 하여도 듣지 못하였느니라**(마 13:17절).

하나님께서 사람들에게 성경책을 주신 까닭은 죽은 영혼이 다시 살아나 부활되어 하나님의 뜻과 목적을 이루어 하나님의 형상과 모양을 닮게 하시기 위함입니다.

하나님의 뜻과 목적은 반듯이 있어야 할 분이 있어야 할 곳에 있는 것입니다.

1 : 있어야 할 분은 그리스도입니다.

2 : 있어야 할 곳은 사람의 마음입니다.

우리는 그리스도께서 함께 하시도록 깨끗한 마음을 제공하는 장소가 되어야 하며 그 마음 안에서 율법의 요구의 완성인 사랑이 이루어지도록 순종하여야 합니다.

하나님은 당신의 뜻과 목적을 이루시기 위하여 계실 장소가 필요하신 분입니다.

*** 너희는 하나님의 밭이요 하나님의 집이니라**(고전 3:9절).

*** 만일 너희 속에 하나님의 영이 거하시면 너희가 육신에 있지 아니하고 영에 있나니 누구든지 그리스도의 영이 없으면 그리스도의 사람이 아니라 또 그리스도께서 너희 안에 계시면 몸은 죄로 인하여 죽은 것이나 영은 의를 인하여 산 것이니라**(롬 8:9~10절).

그리스도는 구원에 주체와 본체가 되시는 분입니다.
그러므로 누구든지 그리스도 안으로 끌려 들림을 받으면 율법의 완성인 사랑을 이루어 생명과 평강과 안식을 누리며
그의 마음 안에는 이미 하나님의 나라가 이루어진 사람입니다.
그리스도 안으로 끌려 들림받는 것이 곧 휴거 하는 것입니다.
휴거란 뜻? 올라가는 것. 들림 받는 것. 들어가는 것입니다.
그러므로 그리스도안으로 휴거 되어야 합니다.

*** 너희가 하나님의 성전인 것과 하나님의 성령이 너희 안에 거하시는 것을 알지 못하느뇨**(고전 3:16절).

하나님은 사람의 손으로 지은 성전에 계시지 않고 마음의 성전 안에 계십니다.
너희 마음이 하나님의 말씀을 뿌릴 밭이 되었고 하나님이 계실 집이 되었으면 그 하나님의 마음의 집에 양식이 쌓을 곳이 없도록 부어주십니다.

*** 만군의 여호와가 이르노라 너희의 온전한 십일조를 창고에 들여 나의 집에 양식이 있게 하고 그것으로 나를 시험하여 내가 하늘 문을 열고 너희에게 복을 쌓을**

곳이 없도록 붓지 아니하나 보라(말 3:10절).

곧 구원받아 깨끗하게 구별된 마음을 하나님의 말씀의 창고에 드려 하나님의 말씀의 양식을 쌓을 곳이 없도록 부어주신 다는 뜻입니다.

곧 돌 여섯 항아리아구까지 채워주시는 사건입니다.

십일조 : 진리의 성령께서 임하시면 거룩하고 온전하고 구별된 마음입니다.

* **하나님이 온전하니 너희도 온전할지라**(마 5:48절).

* **너희는 내게 거룩할지라 이는 나 여호와가 거룩하고 내가 또 너희로 나의 소유를 삼으려고 너희를 만민 중에서 구별하였음이니라**(레 20:26절)

* **너희 몸을 하나님이 기뻐하시는 거룩한 산 제사로 드려라 이는 너희의 드릴 영적 예배니라**(롬 12:1절하).

십일조가 된 사람은 거룩하고 온전하고 구별된 신령한 사람들입니다.

종이로 만든 돈의 십일조가 거룩할 수 없고 온전할 수 없고 구별될 수 없습니다.

돈은 세상을 살아갈 동안 필요하여 편하도록 사람들이 만들어 놓은 제물입니다.

하나님께서 주신 복은 그리스도의 말씀입니다.

돈은 사람들이 지혜롭게 사용하면 될 것입니다.

거룩함 : 거룩함은 오직 그리스도의 말씀뿐입니다.

그리스도의 말씀을 듣고 구원받은 사람은 깨끗하게 된 거룩한 사람입니다.

* **내가 거룩하니 너희도 거룩할지라**(벧전 1:16절).

온전함 : 온전함은 오직 하나님 말씀뿐입니다.

하나님의 말씀을 받고 죄 사함 받은 사람은 그의 영혼이 온전할 수 있습니다.

곧 공허하고 흑암의 깊음 위에 있던 영혼이 그리스도의 말씀으로 구원받아 잘 정리 정돈되어 온전케 되는 것입니다.

영혼이 온전하게 회복되고 정리된 사람은 하나님의 사랑을 이룬 자입니다.

* **사랑은 율법의 완성이니라**(롬 13:10절).

구별됨 : 어두움과 빛으로 나누어지는 것입니다.

* **하나님이 빛과 어두움을 나누사**(창 1:4절).
* **빛이 어두움에 비취되 어두움이 깨닫지 못하더라**(요 1:5절).

빛은 하나님이요 말씀입니다.

* **너희는 다 빛의 아들이요 낮의 아들이라 우리가 밤이나 어두움에 속하지 아니하나니**(살전 5:5절).

말씀을 받은 사람을 빛(하나님)의 자녀요 말씀을 받지 못한 사람은 어두움(마귀)의 자녀입니다.

* **너희가 전에는 어두움이더니 이제는 주안에서 빛이라 빛의 자녀들처럼 행하라**(엡 5:8절).

26

물과 피

*** 이는 물과 피로 임하신 자니 곧 예수 그리스도시라 물로만 아니요 물과 피로 임하셨고**(요일 5:6절).

예수 그리스도는 물과 피로 오셨습니다.
물은 말씀이요 피는 생명입니다.
곧 말씀 안에 생명이 들어있습니다.
그러므로 우리도 말씀을 전파할 때 반듯이 물과 피의 말씀을 전하여야 합니다.
이는 곧 물이 변하여 포도주가 된 말씀입니다.
말씀을 전파할 때 변하여 포도주의 말씀이 되어야 죽은 영혼을 살릴 수 있습니다.
곧 말씀 안에 진리의 성령이 역사하시는 말씀은 죽은 영혼을 살리는 말씀입니다.
살아 있는 말씀이 되어야 죽은 자의 하나님이 아니라 산 자들의 하나님이 되십니다.

*** 하나님은 영이시니 신령과 진정으로 예배할지니라**(요 4:24절).

신령은 성령이요 진정은 진리입니다.

그러므로 예배는 성령의 역사하시는 진리의 예배를 드리라는 것입니다.

신령과 진정으로 드리는 예배는 말씀이 마음 밭에 떨어질 때 삼십 배 육십 배 백배의 결실을 맺게 됩니다.

*** 좋은 땅에 뿌리웠다는 것은 곧 말씀을 듣고 받아 삼십 배와 육십 배와 백배의 결실을 하는 자니라**(막 4:20절).

결실하였다 함은 하나님의 말씀을 들을 때 삼십 배 육십 배 백배로 깨달았다는 뜻입니다.

그러므로 삼십 배 육십 배 백배란? 말씀을 듣고 많이 깨달았느냐 적게 깨달았느냐의 결과입니다.

그러므로 깨닫는 자가 복 있는 자입니다.

*** 다섯달란트를 받은 자는 바로가서 그것으로 장사하여 또 다섯달란트를 남기고 두달란트를 받은 자도 그같이 하여 또 두달란트를 남겼으되 한달란트 받은 자는 가서 땅을 파고 그 주인의 돈을 감추어 두었더니**(마 25:16~18절).

다섯 달란트를 받은 자는 바로가서 장사하여 다섯 달란트를 남기고 두 달란트 받은 자도 그와 같이 남기어 하나님께 칭찬을 듣습니다.

그러므로 남겼다는 뜻은 구원에 주체가 되시는 그리스도에 대한 말씀을 들었을 때 최소한 듣고 믿은 만큼 깨달았다는 뜻입니다.
그러므로 오늘도 예수 그리스도로 말미암아 그리스도에 대한 말씀을 들을 때 들은 만큼 깨달아야 합니다.
그러나 한 달란트 받은 자는 땅에 묻어두고 남기지 못하였음으로 게으른 종이라 책망들었습니다.
남기지 못하였다 함은 곧 하나님의 말씀을 듣고 깨닫지 못하였다는 뜻입니다.

* **저희가 보아도 보지 못하며 들어도 듣지 못하며 깨닫지 못함이니라**(마 13:13절).

* **그러므로 모든 들은 것을 우리가 더욱 간절히 삼갈지니 혹 흘러 떠내려갈까 염려하노라**(히 2:1절).

하나님 말씀은 살았고 운동력있어 역사하심으로 무관심하거나 경홀히 여기면 흘러 떠내려 갑니다.
흘러 떠내려 간다 함은 곧 성령을 소멸하는 것입니다.

* **성령을 소멸치 말며**(살전 5:19절).

성령을 경홀히 여겨 말씀이 흘러 떠내려 간 것은 곧 열두 해를 혈류증으로 앓은 여인과 같습니다.
혈류증 앓은 여인은 열두 해 동안 계속 피를 흘렸습니다.
이 여인이 혈류증의 병으로 피를 흘렸다 함은 곧 하나님의 말씀을 경홀히 여겨 말씀을 흘러 떠내려 보낸 것입니다.
피는 생명의 말씀입니다.

* **이에 열두 해를 혈류증으로 앓는 중에 아무에게도 고침을 받지 못하던 여자가 예수의 뒤로 와서 그 옷가에**

손을 대니 혈류증이 즉시 고쳤더라(눅 8:43~44절상).

혈류증의 병을 고침 받아 피가 그쳤다는 것은 곧 하나님의 말씀을 듣고 영혼에 양식이 되어 구원받았다는 뜻입니다.

오늘도 혈류증 앓는 여인과 같이 피가 흘러 떠내려가지 말게 하고 영혼의 양식이 되어야 합니다.

오늘도 거짓목자는 혈류증 앓는 사람의 병을 고치지 못합니다.

그러나 참 목자는 혈류증 앓는 사람의 피를 멈추게 함으로 병을 고쳐줍니다.

곧 거짓목자로부터 선악과나무열매를 먹으면 영원히 혈류증을 앓게 되고 참 목자로부터 생명나무열매를 먹으면 혈류증을 고침 받게 됩니다.

* **때가 오래므로 너희가 마땅히 선생이 될 터인데 너희가 다시 하나님의 말씀의 초보가 무엇인지 누구에게 가르침을 받아야 할 것이니 젖이나 먹고 단단한 식물을 못 먹을 자가 되었도다 대저 젖을 먹는 자마다 어린 아이니 의의말씀을 경험하지 못한 자요 단단한 식물은 장성한 자의 것이니 저희는 지각을 사용함으로 연단을 받아 선악을 분변하는 자들이니라**(히 5:12~14절).

* **욥도 주의 말씀을 귀로만 들었으나 이제야 눈으로 주를 본다 라고 욥기서 42장5절에 와서야 고백하였습니다**(욥 42:5절).

주의 말씀을 귀로만 듣던 사람이 마음의 눈으로 주를 볼 때 눈에서 비듬이 떨어져 영안이 열리게 됩니다.

그러므로 하나님의 말씀을 귀로만 듣지 말고 영에 눈으로 주를 보고 그리스도의 믿음의 확신을 갖도록 기도하여야 합니다.
영 안이 열린 자가 구원에 주체가 되시는 그리스도를 보게 되면 그는 다윗의 열쇠를 하나님께 받은 사람입니다.
열린다는 뜻? 하나님의 말씀 안에 비밀로 감춰놓으신 그리스도에 대하여 알게 되며 성경말씀을 영에 눈으로 볼 수 있는 자입니다.
다윗의 열쇠를 받게 되면 창세기부터 계시록까지 말씀을 열수 있습니다.
하나님께로부터 받은 다윗의 열쇠는 그리스도입니다.
그리스도는 구원에 주체와 근본이 되기 때문에 오늘도 하나님께로부터 다윗의 열쇠를 받은 자는 성경에 기록된 하나님의 모든 말씀을 열고 닫을 수 있습니다.

* **다윗의 열쇠를 가지신 이 곧 열면 닫을 사람이 없고 닫으면 열 사람이 없는 그이가 가라사대 볼찌어다 내가 네 앞에 열린문을 두었으되 능히 닫을 사람이 없으리라**(계 3:7절중~8절상)

그러므로 하나님의 말씀을 전파할 때 그리스도 외에 다른 복음을 전하면 저주를 받습니다.
저주 받는다는 뜻은 곧 다윗의 열쇠를 받지 못함으로 그리스도에 대하여 모르기 때문에 하나님의 말씀을 열수 없는 것이 곧 저주를 받는 것입니다.
다윗의 열쇠를 받지 못하면?
1 : 예수께서 그리스도이심을 부인하는 자(요일 2:22절중).

2 : 혈통과 육정과 사람의 뜻으로 난 자(요 1:13절).

3 : 참 빛을 영접하지 아니한 자(요 1:11절).

4 : 아비 마귀에게서 난 자(요 8:44절).

5 : 표적을 구하나 선지자 요나의 표적을 구하지 아니한 자(마 12:39절).

6 : 계시될 믿음의 때까지 갇혀 있는 자(갈 3:23절).

7 : 생명의 성령의 법이 죄와 사망의 법에서 해방되지 못한 자(롬 8:2절).

8 : 육신에 속한 자며 성령이 없는 자(유 1:19절).

그러므로 이미 많은 거짓선지자들이 세상에 나왔습니다(요일 4:1절하).

이미 세상에 있는 많은 거짓선지자들은 그리스도를 뺀 복음을 전파하기 때문에 물로 된 포도주를 줄 수 없으며 신들 메도 감당하지 못하고 달란트를 땅에 묻어둔 율법을 지키는 자들입니다.

그러므로 하나님과 원수 되는 육신에 생각을 벗어버리고 생명과 평강이신 영에 생각으로 바꿔가는 연습을 매일 매일 하여야 합니다.

본래 사람들은 구원에 주체요 본체가 되시는 그리스도를 알지 못하기 때문에 죄인 중에 죄인이요 괴수입니다.

그러므로 하나님께서 사람이 한번 죽는 것은 정한 이치라 말씀하셨습니다.

사람은 세상에 태어날 때부터 그리스도의 영이 없는 죄인으로 태어나기 때문에 죽은 영혼입니다.

그런 죄인들에게 하나님께서 구원에 주체가 되시며 본체가 되신 그리스도를 예수 그리스도와 함께 보내 사 그를 영접하여 구원 받게 하시고 율법의 완성인 사랑이 이루어지게 하십니다.
육신에 생각에 있는 자가 그리스도를 영접하게 되면 영에 생각으로 바뀌지기 시작함으로 자기 마음 안에서 영적 고난이 시작되고 환란이 시작되며 또 영으로 전쟁의 싸움이 시작됩니다.
영적 싸움이란? 비늘이 눈을 가려 육신에 생각으로 성경을 보다가 그리스도로 말미암아 눈에서 비늘이 떨어짐으로 영에 생각을 하게 되면 자기 마음 안에서 육신에 생각과 영에 생각이 싸움이 시작됩니다.
그러나 영에 생각이 육신에 생각보다 더 강함으로 육신에 생각을 영에 생각이 삼켜버립니다.

* **이 모든 일에 우리를 사랑하시는 이로 말미암아 우리가 넉넉히 이겼느니라**(롬 8:37절하).

넉넉히 이겼다 함은 곧 영에 생각의 승리입니다.
그러므로 믿음이 연약한 자가 장성한 자가 되려면 반듯이 고난과 환란이 되는 영적 싸움을 거치지 않고는 거룩하고 온전한 자가 될 수 없습니다.
영적 싸움을 한다고 모두 다 승리하는 것은 아닙니다.
영적 싸움을 하다가 도중 하차 하는 사림들도 많이 있습니다.
이들은 자기 의를 나타내는 욕심 때문에 자기를 십자가에 달려 죽지 않기 때문입니다.
* **그러나 끝까지 견디는 자는 구원을 얻으리라**(마 24:13절).
노아가 사람의 눈치를 보지 않고 오직 구원의 방주를 지었듯이

누가 뭐라 하든지 옳다라고 여김을 받았으면 그리스도의 믿음을 지키며 몸과 마음과 뜻과 정성을 다하여 율법의 완성인 사랑이 이루어질 때까지 영원하신 하나님께 충성을 다 하여야 합니다.

27

전쟁

*** 육신에 생각은 사망이요 영에 생각은 생명과 평안이니라**(롬 8:6절).

신앙생활을 할 때 육신에 생각과 영에 생각이 싸워야 하는 전쟁을 할 때가 있습니다.

육신의 생각을 할 때에는 율법을 지킬 때이며 영에 생각을 할 때에는 율법을 이룰 때입니다.

*** 그러나 먼저는 신령한 자가 아니요 육 있는 자요 그 다음에 신령한 자니라**(고전 15:46절).

신앙생활은 먼저 육신에 생각을 하게 하심으로 죄에 갇혀 있게 하십니다.

그러다가 죄인임을 깨닫게 하심으로 십자가에 못박아 죽게 하시고 삼일 만에 다시 살아나 죄에서 구원받게 하시고 영에 생각으로 하나님을 섬기도록 하십니다.

육신에 생각을 버린다는 것은 곧 자기 목숨을 버리는 것입니다.

그가 곧 하나님 앞에 순교한 자입니다.

그러므로 순교 자는 먼저 육신적인 선악과나무열매를 먹고 있었는데 때가 차매 선악과나무열매를 버리고 영적인 신령한 생명나무열매로 영혼의 말씀으로 양식을 바꾸게 됩니다.

영혼의 양식을 바꿀 때 구원받게 되며 육신에 속한 자가 영에 속한 자로 변화됩니다.

그러므로 하나님의 의를 모르는 자는 육신에 속한 자요 하나님의 의를 아는 자는 영에 속한 자입니다.

* **하나님의 의를 모르고 자기 의를 세우려고 힘써 하나님의 의를 복종치 아니하였느니라**(롬 10:3절).

누구든지 믿음생활 할 때 죽었다가 다시 살아나는 부활의 체험을 하여야 합니다.

부활의 체험하지 못했다면 그는 아직도 젖만 먹는 어린아이와 같은 사람입니다.

부활의 체험은 자신이 삼일 째 되는 날 하게 됩니다.

하루(첫째날)? 율법을 지킬 때입니다.

이틀(둘째날)? 은혜를 받을 때입니다.

삼일(셋째날)? 진리의 성령을 받을 때입니다.

율법을 지킬 때와 은혜를 받을 때는 어린아이에게
젖만 먹이는 몽학선생 아래 있어 광야에서 헤맬 때 입니다.

그러나 맨 나중에 이루어지는 삼일 째날 되면 율법이 이루어지게 하시는 예수 그리스도로 말미암아 진리의 성령 곧 그리스도를 알게 되며 죽은 영혼이 다시 살아나 구원을 받게 되는 부활의 체험을 하게 됩니다.

그러나 오늘도 믿음이 있노라 하는 사람들이 첫째 날과 둘째 날은 잘 적응하는 데 삼일 째 날까지 도달하지 못하고 광야에서 계속 헤매고 있습니다.

많은 사람들이 홍해를 건너 광야까지는 잘 따라오는 데 그 다음 요단강 건너 젖과 꿀이 넘치는 하나님의 약속의 가나안 땅까지 들어가는 자들은 적습니다.

* **청함 받은 자는 많되 택함을 입은 자는 적으니라**(마 22:14절).

* **멸망으로 인도하는 문은 크고 그 길이 넓어 그리로 들어가는 자가 많고 생명으로 인도하는 문은 좁고 길이 협착하여 찾는 이가 적음이니라**(마 7:13~14절).

하나님의 말씀은 살았고 운동력 있어 말씀하신 사실 그대로 그리스도 안에서 다 이루어집니다.

오늘 우리도 율법을 비유로 말씀하신 예수님을 반듯이 본 받아야 할 것이며 그 다음 죽었다가 다시 살아나 율법이 완성으로 이루어지도록 말씀하신 예수 그리스도를 반듯이 본을 받아야 합니다.

본을 받음으로 율법의 요구의 완성인 사랑을 이루어 작은 사랑의 성경책이 되어야 한다는 말씀입니다.

* **하나님을 사랑하고 또 네 이웃을 네 몸과 같이 사랑하라 하셨으니 이 두 계명이 온 율법과 선지자의 강령이니라**(마 22:37절.40절).

첫째계명 : 하나님을 사랑하라.

사람이 어떻게 하나님을 사랑할 수 있겠습니까?

하나님을 사랑하는 방법은? 예수 그리스도를 아는 일입니다.

예수 그리스도를 알게 됨으로 하나님을 만나게 됩니다.

하나님을 만나면 하나님을 사랑하게 됩니다.

> * **영생은 곧 유일하신 참 하나님과 그의 보내신 자 예수 그리스도를 아는 것이니라**(요 17:3절).

예수 그리스도를 알아야 그리스도를 만나게 되며 그리스도로 말미암아 구원받아 독생자의 영광을 볼 수 있으며 영광을 보는 자는 은혜와 진리가 충만하여 영광을 하나님께 돌리 수 있습니다.

> * **우리가 그 영광을 보니 아버지의 독생자의 영광이요 은혜와 진리가 충만하더라**(요 1:14절중).
>
> * **그런즉 누구든지 그리스도 안에 있으면 새로운 피조물이라 이전 것은 지나갔으니 보라 새 것이 되었도다**(고후 5:17절).
>
> * **우리가 그를 전파하여 각 사람을 권하고 모든 지혜로 각 사람을 가르침은 각 사람을 그리스도 안에서 완전한 자로 세우려함이니**(골 1:28절).
>
> * **하나님의 비밀인 그리스도를 깨닫게 하려함이라 그 안에는 지혜와 지식의 모든 보화가 감추어 있느니라**(골 2:2~3절).

둘째계명 : 네 이웃을 네 몸과 같이 사랑하라.

사람이 어떻게 내 이웃을 내 몸과 같이 사랑할 수 있겠습니까?

내 이웃을 내 몸과 같이 사랑할 수 있는 방법은? 예수 그리스도를 아는 일입니다.

예수 그리스도를 내 몸과 같이 사랑하여 그의 입에서 나오는 모든 말씀을 믿는 일이 곧 네 이웃을 네 몸과 같이 사랑하는 일입니다.

예수 그리스도를 사랑하지 아니하면 영원히 예수 그리스도는 네 이웃으로 남게 됩니다.

이웃을 내 몸과 같이 사랑할 때 그가 내 안에 내가 그 안에 하나가 됩니다.

이 세상에서 내 몸보다 더 사랑할 수 있는 분은 나를 죄에서 구원해 주시는 예수 그리스도뿐입니다.

예수 그리스도로 말미암아 그리스도를 영접함으로 참 하나님 아버지를 만날 수 있고 아버지에 대한 목적과 뜻을 알게 됩니다.

구원에 주체가 되시며 핵심이 되시는 그리스도는 하나님께서 믿음으로 하나가 되도록 짝을 지어주셨습니다.

> * **그러므로 하나님이 짝지어 주신 것을 사람이 나눌 수 없느니라**(막 10:9절).

하나님이 그리스도의 믿음을 주심으로 그리스도와 짝지어 준 그를 어찌 사람이 나눌 수 있겠습니까?

그러므로 하나님의 백성들이 첫째 계명과 둘째 계명은 반듯이 이루어야 할 하나님의 계명입니다.

이제 그리스도는 하나님께서 믿음 안에서 짝지어 주신 분이기 때문에 영생복락 누리며 영원히 함께 하실 진리의 영입니다.

*** 찬송하리로다 하나님 곧 우리 주 예수 그리스도의 아버지께서 그리스도 안에서 하늘에 속한 모든 신령한 복으로 우리에게 복 주시되 곧 창세전에 그리스도 안에서 우리를 택하사 우리로 사랑 안에서 그 앞에 거룩하고 흠 없게 하시려고 그 기쁘신 뜻대로 우리를 예정하사 예수 그리스도로 말미암아 자기의 아들들이 되게 하셨으니 이는 그의 사랑하시는 자 안에서 우리에게 거저 주시는바 그의 은혜의 영광을 찬미하게 하려는 것이라**(엡 1:3~6절).

귀 있는 자들은 성령이 교회들에게 하시는 말씀을 들을지어다.

28

산상수훈의 팔 복

1 : **심령이 가난한 자**는 복이 있나니 천국이 저희 것 임이요(마 5:3절).

심령이 가난한 자? 진리의 성령이 없음으로 마음이 갈급하여 애통하며 하나님을 구하고 두드리고 찾게 됨으로 복을 받습니다.

복은 그리스도입니다.

그리스도와 함께 하는 자는 복을 가지고 있는 자입니다.

복 있는 자는 악인의 꾀를 좇지 아니하며 죄인의 길에 서지 아니하며 오만한 자의 자리에 앉지 아니하고(시 1:1절).

그리스도의 복을 가지고 있는 자는 영에 생각으로 그리스도를 따르게 됩니다.

그러나 그리스도와 함께 하지 않는 자는 육신에 생각으로 육신에 속한 악인의 꾀를 좇으며 죄인의 길에 서며 오만한 자리에 앉는 자입니다.

육신에 속한 자는 모두 자기 자신을 좇는 자입니다.

자기 자신이 악인이며 죄인이며 오만한 자입니다.
그러므로 자기 자신을 십자가에 못박혀 죽여야 합니다.
그러나 육신에 속한 자가 그리스도를 영접함으로 영에 속한 자 되면 이제 자기 자신의 악한 육신에 생각은 십자가에 못박혀 죽이고 영에 생각으로 그리스도를 따르며 생명과 평안으로 살게 됩니다

 * **육신에 생각은 사망이요 영에 생각은 생명과 평안이니라**(롬 8:6절).

그러므로 그리스도와 함께 하는 자는 마음이 천국이요 그리스도와 함께 하지 않는 자는 마음이 지옥입니다.

그러므로 교회를 다녀도 육신에 속한 자가 있고 영에 속한 자가 있습니다.
그러므로 반듯이 진리의 성령을 받아야 합니다.

 * **가라사대 성령을 받으라**(요 20:22절하).
 * **진리의 성령이 오시면 그가 너희를 모든 진리 가운데로 인도하시리니**(요 16:13절상).

2 : 애통하는 자는 복이 있나니 저희가 위로를 받을 것이요(마 5:4절).
성령을 받지 못하면 마음이 혼돈되고 공허하며 흑암이 깊음 위에 있어 마음 안에 그리스도가 없음으로 애통하게 됩니다.
애통하며 그의 나라와 그의 의를 구하고 찾고 두드릴 때 하나님께서 예수 그리스도를 만나게 해주시고 그로 말미암아 그리스도

를 영접하게 되어 생명과 평강을 얻는 위로를 받습니다.

3 : **온유한 자**는 복이 있나니 저희가 땅을 기업으로 받을 것이요 (마 5:5절).

온유한 자는 진리의 성령을 훼방하지 않고 영접하여 은혜와 진리가 충만케 됩니다.

은혜와 진리가 충만한 자는 이제 생명의 말씀을 받을 성도들을 하나님께서 인도합니다.

그 성도들이 하나님께서 은혜와 진리가 충만한 자에게 주신 기업입니다. 선물로 주신 기업들을 부모가 자녀를 사랑하듯 수고와 희생을 하여 보살펴 주어야 합니다.

> * **우리는 하나님의 동역자들이요 너희는 하나님의 밭이요 하나님의 집이니라**(고전 3:9절하).

4 : **의에 주리고 목마른 자**는 복이 있나니 저희가 배부를 것임이요(마 5:6절).

의에 주리고 목마른 자? 의가 되신 그리스도를 영접하지 못했기 때문에 진리 가운데로 인도함을 받지 못함으로 목이 마릅니다.

그리스도는 생명수입니다.

목이 마르기 때문에 그리스도를 영접하여야 할 것이며 그 영혼은 하나님의 말씀의 양식으로 배가 부를 것입니다.

5 : **긍휼히 여기는 자**는 복이 있나니 저희가 긍휼히 여김을 받을 것이요(마 5:7절).

죄지은 자를 불쌍히 여겨 죄에서 구원시키면 하나님은 구원시킨 자를 불쌍히 여겨 더 많은 복으로 채워주십니다.

*** 너희가 뉘 죄든지 사하면 사하여 질 것이요 뉘 죄든지 그대로 두면 그대로 있으리라(요20:23절).**

그러므로 그리스도로 말미암아 죄에서 구원시켜 주는 권세를 받아야 합니다.

6 : **마음이 청결한 자**는 복이 있나니 저희가 하나님을 볼 것이요(마 5:8절).

마음이 청결한 자? 곧 예수 그리스도로 말미암아 그리스도께서 마음 안에 오시면 죄를 사해주시기 때문에 마음이 깨끗해집니다.

*** 너희는 내가 일러준 말로 이미 깨끗하였으니(요 15:3절).**

죄에서 구원받으면 그의 영혼과 마음이 깨끗하니 하나님을 볼 수 있습니다.

하나님은 말씀이시기 때문입니다(요 1:1절).

7 : **화평케 하는 자**는 복이 있나니 저희가 하나님의 아들이라 일컬음을 받을 것이요(마 5:9절).

하나님과 화평케 하는 자? 죄 때문에 하나님과 하나가 되지 않은 자에게 구원시켜줌으로 하나님과 화평케 해주는 자는 하나님의 아들입니다.

그러므로 하나님과 화평케 해주는 사람이신 그리스도 예수에 대하여 깊이 생각하라(딤전 2:5절).

사람이신 그리스도 예수는 하나님의 아들이며 죄를 사해주는 권세를 받은 자입니다.

*** 너희가 뉘 죄든지 사하면 사하여질 것이요(요 20:23절).**

8 : **의를 위하여 핍박을 받는 자**는 복이 있나니 천국이 저희 것

임이요(마 5:10절).

의를 위하여 핍박 받는 자? 율법 외에 나타난 하나님의 한 의는 그리스도입니다.

오늘도 믿음이 있노라 하는 많은 사람들이 율법을 지키는 말씀을 전하면 모두 은혜 받고 핍박하는 사람이 없는데 율법을 이루는 의에 말씀을 전하면 핍박하고 욕하고 악한 말을 합니다.

그것은 하나님을 알지 못하기 때문입니다.

> * **나를 인하여 너희를 욕하고 핍박하고 거짓으로 너희를 거스려 모든 악한 말을 할 때에는 너희에게 복이 있나니 기뻐하고 즐거워하라**(마 5:11~12절상).
> * **하나님께 속하지 아니한 자는 우리의 말을 듣지 아니하나니 진리의 영과 미혹의 영을 이로써 아느니라**(요일 4:6절하).
> * **이제는 율법 외에 하나님의 한 의가 나타났으니**(롬 3:21절상).

하나님의 한 의가 되신 그리스도를 전파할 때 그리스도에 대하여 모르는 자는 핍박을 합니다.

핍박이란 그리스도에 대한 말씀을 믿지 않고 거역하는 것입니다.

의를 핍박하는 것이 곧 성령훼방 죄입니다.

> * **누구든지 성령을 훼방하는 자는 사하심을 영원히 얻지 못하고 영원한 죄에 처하느니라**(막 3:29절).
> * **의를 위하여 핍박을 받는 자는 복이 있나니 천국이 저희 것임이라**(마 5:10절).

그러므로 그리스도 때문에 핍박을 받는 것은 아무나 누구나 받는 것이 아니라 하나님께 속한 아들만 받습니다.

* **하나님께 속한 자는 하나님의 말씀을 듣나니 너희가 듣지 아니함은 하나님께 속하지 아니하였음이로다**(요 8:47절).

9: 나를 인하여 너희를 욕하고 핍박하고 거짓으로 너희를 거슬려 모든 악한 말을 할 때는 너희에게 복이 있나니 기뻐하고 즐거워하라 하늘에서 너희 상이 큼이라 너희 전에 있던 선지자들을 이같이 핍박하였느니라(마 5:11~12절).

하늘에서 너희 상이 큼이라? 우리가 받는 상은 율법 외에 하나님의 한 의로 나타난 그리스도입니다.

하나님께서는 아들이 된 자들에게만 최고의 상을 베풀어 주시는데 그 상은 곧 그리스도입니다.

하나님으로부터 상을 받은 자는 아들의 명분을 얻은 자입니다.

* **율법아래 있는 자들을 속량하시고 우리로 아들의 명분을 얻게 하려 하심이라 너희가 아들인 고로 하나님이 그 아들의 영을 우리 마음 가운데 보내사 아바 아버지라 부르게 하셨느니라**(갈 4:5~6절).

교회를 다니며 하나님의 말씀을 듣고 전한다 하여 아무나 누구나 하나님의 아들이 되는 것 아닙니다.

반드시 죽었다가 삼일 만에 다시 살아나신 예수 그리스도로 말미암아 그리스도의 복음을 들을 때 하나님의 아들의 명분을 얻게 됩니다.

아들의 명분을 얻은 자는 그리스도 안에 들어온 십사만 사천입니다.

십사만 사천이라 함? 하나님의 생명의 말씀에 관하여 영에 귀와 눈과 손으로 만진 바 된 온전한 사람을 가리키는 말입니다.

곧 그리스도 안에 있는 자들이 십사만사천입니다.

> * **태초부터 있는 생명의 말씀에 관하여는 우리가 들은 바요 눈으로 본 바요 주목하고 우리 손으로 만진 바라** (요일 1:1절).

이들은 예수와 같이 십자가에 달려 죽었다가 삼일 만에 다시 살아나 그의 영혼이 부활된 자들이며 예수 그리스도로 말미암아 그리스도 안에 있는 자들입니다.

만약 죽었다가 다시 살아나신 예수 그리스도를 만나지 못하여 그리스도 안에 들어오지 못한 자라면 십사만 사천이라는 그리스도 안에 들어오지 못한 그리스도 밖에 있는 종교인 일 뿐입니다.

그러므로 성경에서 말씀하시는 십사만 사천이란 숫자로 하나, 둘, 세는 사람의 명수가 아니라 그리스도 안에 들어온 자를 가리키는 것입니다.

> * **각 사람을 그리스도 안에서 완전한 자로 세우려 함이라**(골 1:28절하).
>
> * **그런즉 누구든지 그리스도 안에 있으면 새로운 피조물이라 이전 것은 지나갔으니 보라 새 것이 되었도다**(고후 5:17절).

이전 것이란? 육신에 생각으로 비유의 말씀을 들을 때입니다.

새 것이란? 영에 생각으로 실상의 말씀을 들을 때입니다.
새 것이 된 새 사람은 이제 생명 책에 녹명 된 자입니다.
생명 책에 녹명 되었다 함? 곧 하나님의 거룩하심과 온전하심과 같이 그리스도의 믿음으로 거룩하고 온전하게 되어 하나님의 말씀과 일치가 된 자입니다.

* **기록하였으되 내가 거룩하니 너희도 거룩할지니라**(벧전 1:16절).
* **평강의 하나님이 친히 너희로 온전히 거룩하게 하시고**(살전 5:23절상)
* **또한 모든 것을 해로 여김은 내 주 그리스도 예수를 아는 지식이 가장 고상함이라 내가 그를 위하여 모든 것을 잃어버리고 배설물로 여김은 그리스도를 얻고 그 안에서 발견되려 함이니 내가 가진 의는 율법에서 난 것이 아니요 오직 그리스도를 믿음으로 말미암은 것이니 곧 믿음으로 하나님께로 난 의라**(빌 3:8~9절).

29

큰 고기 일백 쉰 세마리(153).

*** 가라사대 그물을 배 오늘편에 던지라 그리하면 얻으리라**(요 21:6절).

*** 시몬 베드로가 올라가서 그물을 육지에 끌어올리니 가득히 찬 큰 고기가 일백 쉰 세 마리라**(요 21:11절).

베드로가 예수 십자가에 달려 돌아가실 때 함께 죽지 않고 주님을 떠나 얕은 물가에서 밤이 맞도록 그물을 내렸으나 고기 한 마리도 잡지 못하였을 때 주께서 베드로에게 나타나 깊은 데로 들어가 그물을 배 오른 편에 던지라는 말씀에 베드로가 순종하였더니 잡아 올린 큰 고기가 153마리였습니다.

베드로가 주님의 말씀을 의지하여 깊은 물속에 그물을 던져 잡아 올린 153마리의 큰 고기는 영혼을 만족케 해주시는 하나님의 말씀입니다.

깊은 물속이란? 깊고 높고 길고 넓은 기이한 차원 높은 신령한 하나님의 말씀입니다.

이 깊은 물속에 들어가면 큰 고기 153마리를 잡을 수 있습니다.
100이란 숫자? 빈 항아리 아구까지 말씀이 채워진 성령 충만의 복입니다(요 2:7절).
5란 숫자? 생육, 번성, 충만, 정복, 다스림의 복입니다(창 1:28절).
생육 : 말씀의 씨가 마음 밭에 떨어진 상태입니다.
번성 : 떨어진 씨가 자라나는 과정입니다.
충만 : 자라난 씨가 온전하게 성령의 열매를 맺는 과정입니다.
정복 : 생명과 평안의 성령의 열매로 천국을 누리는 상태입니다.
다스림 : 성도들을 맡아 그들을 말씀으로 섬기는 상태입니다.
3이란 숫자? 남자의 머리는 그리스도요 그리스도의 머리는 하나님입니다(고전 11:3절).
남자와 그리스도와 하나님은 말씀으로 하나입니다.

> * **너희는 그리스도의 것이요 그리스도는 하나님의 것이니라**(고전 3:23절).
> * **사람이신 그리스도 예수라**(딤전 2:5절).

그러므로 사람이신 그리스도 예수를 깊이 사랑하여야 합니다.
100과 5와 3이란 숫자는 모두 하나님의 차원 높은 말씀입니다.
하나님의 차원 높은 말씀은 깊은 물 속으로 들어가야만 듣고 보고 손으로 만질 수 있습니다.
하나님의 차원 높은 말씀을 먹고 마시면 어부의 영혼의 말씀으로 배가 부르고 부자가 됩니다.
곧 사람을 낚는 어부가 배가 부르고 부자가 되어야 다른 사람들에게 말씀의 양식을 공급할 수 있습니다.

> * **인자가 온 것은 섬김을 받으려 함이 아니라 도리어 섬기려 하고 자기 목숨을 많은 사람의 대속 물로 주려 함이니라**(마 20:28절).

아브라함이 열국의 아비가 되고 의의 왕이요 살렘 왕이요 곧 평강의 왕 노릇한 것 같이 우리 또한 왕 노릇하여야 합니다.

> * **우리가 그를 전파하여 각 사람을 권하고 모든 지혜로 각 사람을 가르침은 각 사람을 그리스도 안에서 완전한 자로 세우려 함이니라**(골 1:28절).

그리스도 안에서 완전한 자로 세워지는 자?

1 : 하나님의 뜻으로 난 자(요1:13절).

2 : 그리스도를 영접한 자(요1:12절).

3 : 하나님의 아들의 명분을 얻은 자(엡 1:5절 갈 4:5절).

4 : 하나님의 비밀을 맡은 자(고전 4:1절 엡 1:9절 골 1:27절).

5 : 독생자의 영광을 보고 그 영광이 된 자(요 1:14절).

6 : 거룩하고 흠 없는 자(엡 1:5절).

7 : 생명의 부활로 나타난 자(요 5:29절).

8 : 찬송이 된 자(엡 1:11절).

9 : 그리스도의 형상으로 이루어진 자(갈 4:19절).

10 : 완전한 자로 세워진 자(골 1:28절).

11 : 율법의 완성인 사랑을 이룬 자(롬 13:10절).

12 : 생명의 성령의 법이 죄와 사망의 법에서 해방된 자(롬 8:2절).

13 : 그리스도의 믿음을 가진 자(롬 10:17절).

14 : 요나의 부활의 표적을 맛본 자(마 12:39절).

15 : 믿음으로 복의 근원이 된 자(창 12:2절).

16 : 하늘에는 영광이요 땅에는 평화로 이루어진 자(눅 19:38절).

17 : 그리스도의 사랑을 가진 자(롬 8:35, 39절).

귀 있는 자들은 성령이 교회들에게 하시는 말씀을 들을지어다.

30

하나님 말씀의 표현

성경에 기록된 모든 말씀은 전지전능하신 하나님입니다

* **하나님은 말씀입니다(요 1:1절).**
* **하나님은 빛입니다(요일 1:5절중).**
* **하나님은 사랑입니다(요일 4:16절).**

하나님의 말씀은 쓴 저자들에 따라 표현방법이 다릅니다

하나님의 말씀(요 3:34절 8:47절) 예언의 말씀(계 1:3절) 영생의 말씀(요 6:68절) 진리의 말씀(딤후 2:15절) 생명의 말씀(행 5:20절 빌 2:16절) 그리스도의 말씀(롬 10:17절) 계시의 말씀(갈 3:23절) 구원의 말씀(행 11:14절) 선한 말씀(히 6:5절) 믿음의 말씀(롬 10:8절 딤전 4:6절) 능력의 말씀(히 1:3절) 인내의 말씀(계 3:10절) 은혜의 말씀(행 14:3절) 미쁘신 말씀(딛 1:9절) 의의 말씀(히 5:13절) 항상 있는 말씀(벧전 1:23절) 약속의 말씀(롬 9:9절) 지혜의 말씀(고전 12:8절) 맹세의 말씀(히 7:28절) 등으로 이 모든 말씀은 다 그리스도에 대한 하나님의 말씀입니다.

＊ 대저 하나님의 모든 말씀은 능치 못함이 없느니라(눅 1:37절).

하나님의 모든 말씀은 다 사실대로 이루어지는 사랑의 말씀입니다.

육신에 생각으로 사로잡혀 있는 죄인의 마음 안에 하나님의 살아있는 말씀이 들어가면 영에 생각으로 개념을 바꿔 놓으시는 능치 못함이 없으신 하나님입니다.

하나님의 말씀이 능치 못함이 없다는 뜻?

1 : 육신에 생각에서 영에 생각으로 바꿔놓으십니다.

2 : 죄인을 의인으로 바꿔놓으십니다.

3 : 죽은 영혼을 다시 살려 부활시키십니다.

4 : 지옥의 사람을 천국의 사람으로 바꿔놓습니다.

5 : 육신에 속한 자를 영에 속한 자로 바꿔놓습니다.

6 : 생명의 성령의 법이 사망의 법에서 해방시키십니다.

7 : 어두운 영혼을 빛의 영혼으로 바꿔놓습니다.

8 : 율법을 지키는 사람을 율법이 이루어지는 사람으로 바꿔놓습니다.

9 : 죄에서 구원받지 못한 영혼을 구원시켜놓습니다.

10 : 산영을 가진 자를 살려주는 영을 갖도록 인도하십니다.

11 : 비유의 말씀을 듣다가 살려주는 실상의 말씀을 듣도록 인도하십니다.

12 : 물이 변하여 포도주가 되게 하십니다.

13 : 과부를 남편있게 만드십니다.

이 외에도 말을 다 할 수 없는 하나님의 능치 못할 일들이 성경 말씀 안에 다 기록되어 있습니다.
이 모든 일들은 하나님의 말씀 안에 비밀로 감춰 놓은 그리스도께서 능치 못함이 없도록 이루어 놓으십니다.
그러므로 하나님의 말씀이 기록된 성경 말씀 외에 구원받고 영생을 얻도록 인도하는 책은 없습니다.
성경은 구원에 책이요 영생을 얻는 사랑의 책입니다.

* **믿음은 바라는 것들의 실상이요 보지 못하는 것들의 증거니**(히 11:1절).

믿음은 보이는 것이 아니라 보이지 않는 믿음의 확신입니다.
하나님의 말씀은 어제나 오늘이나 영원토록 살아 있는 오늘의 일용할 양식입니다.

* **예수께서 말씀하시기를 네가 어찌하여 나를 선하다 일컫느냐 하나님 한 분 외에는 선한 이가 없느니라**(막 10:18절).

* **우리가 그를 전파하여 각 사람을 권하고 모든 지혜로 각 사람을 가르침은 각 사람을 그리스도 안에서 완전한 자로 세우려 함이니**(골 1:28절).

그리스도 안에서 완전한 자로 세워짐은 곧 성령의 열매의 결과인 아버지의 그 사랑입니다.

* **믿음 소망 사랑 중에 제일은 사랑이라**(고전 13:13절).

* **첫째 아담은 산영이 되었다 함과 같이 마지막 아담은 살려주는 영이 되었나니 그러나 먼저는 신령한 자가**

아니요 육 있는 자요 그 다음에 신령한 자니라(고전 15:45~46절).

산영을 가지고 첫째 아담으로 오셔서 비유의 말씀하시고 보이는 기적과 표적을 나타내신 분은 예수님입니다.

그러므로 산영을 가진 예수님은 반듯이 십자가에 달려 죽어야 합니다.

산영을 가지고 비유로 말씀하신 예수께서 십자가에 달려 죽어야 삼일 만에 다시 그리스도와 함께 살아나 살려주는 영을 가지고 예수 그리스도께서 오셔서 실상을 말씀하시게 됩니다.

* **그러하나 내가 너희에게 실상을 말하노니 내가 떠나가는 것이 너희에게 유익이라 내가 떠나가지 아니하면 보혜사가 너희에게로 오시지 아니할 것이요 가면 내가 그를 너희에게로 보내리니 그가 와서 죄에 대하여 의에 대하여 심판에 대하여 세상을 책망하시리라**(요 16:7~8절).

* **만일 여호수아가 저희에게 안식을 주었더라면 그 후에 다른 날을 말씀하지 아니하셨으리라**(히 4:8절).

여호수아를 히브리어로 번역하면 예수아입니다.

곧 예수님이 우리에게 안식을 주었더라면 그 후에 다른 날을 말씀하시지 않았을 것이라는 뜻입니다.

그 후에 다른 날이라 함? 죽었다가 삼일 만에 다시 나타나신 예수 그리스도입니다.

그러므로 반듯이 십자가에 달려 죽어야 할 예수님은 다른 날에 오실 예수 그리스도의 모형과 그림자입니다.

모형과 그림자가 떠나가야 실상이 되신 예수 그리스도께서 나타나십니다.

곧 어두움은 빛이 나타나면 사라집니다.

오늘도 많은 사람들이 산영을 받아 사람의 눈으로 볼 수 있는 기적과 표적을 보여줌으로 할 수만 있으면 자기 이름을 나타내려 합니다.

그러나 살려주는 영을 받아 영에 눈으로만 보이는 부활의 표적은 요나와 같이 맛을 본 자만 알 수 있습니다.

* **영으로는 하나님처럼 살게 하려 함이니라**(벧전 4:6절).
* **살리는 것은 영이니 육은 무익하니라. 내가 너희에게 이른 말이 영이요 생명이라**(요 6:63절).
* **그리스도는 모든 믿는 자에게 의를 이루기 위하여 율법의 마침이 되시니라**(롬 10:4절).

귀 있는 자는 성령이 교회들에게 하시는 말씀을 들을지어다.

31

주의 날이 도적같이 오리라

*** 주의 날이 도적같이 오리니 그 날에는 하늘이 큰 소리로 떠나가고 체질이 뜨거운 불에 풀어지고 땅과 그 중에 있는 모든 일이 드러나리라**(벧후 3:10절).

도적같이 오는 주의 날이란? 주가 되신 그리스도께서 마음 안에 진리의 성령으로 임하시는 날을 말합니다.
도적같이 오신다는 뜻? 우리의 주가 되신 그리스도는 이미 죽었다가 다시 살아난 예수 그리스도와 함께 오셨습니다.
죽은 예수를 살리신 이는 곧 그리스도입니다.
예수께서 그리스도로 말미암아 살아났으니 그 이름은 예수 그리스도입니다.
그러므로 그리스도에 대하여 모르는 사람은 이미 도적같이 오신 그리스도를 알리 없습니다.
곧 오른 손이 한 일을 왼 손은 모르고 있다는 뜻입니다.
오른 손은 그리스도를 영접한 하나님의 아들이요 왼손은 그리스도를 영접하지 않은 마귀의 아들입니다.
하나님의 아들들이 하는 빛의 일을 어찌 마귀의 아들들인 어두움이 알 수 있겠습니까?

* **하나님께 속한 자는 하나님의 말씀을 듣나니 너희가 듣지 아니함은 하나님께 속하지 아니하였음이니라**(요 8:47절).

* **너희는 너희 아비 마귀에게서 났으니 너희 아비의 욕심을 너희도 행하고자 하느니라**(요 8:44절상).

* **저희는 세상에 속한 고로 세상에 속한 말을 하매 세상이 저희 말을 듣느니라 우리는 하나님께 속하였으니 하나님을 아는 자는 우리의 말을 듣고 하나님께 속하지 아니한 자는 우리의 말을 듣지 아니하나니 진리의 영과 미혹의 영을 이로써 아느니라**(요일 4:5~6절).

그러므로 도적같이 오시는 그리스도를 만나려면 항상 깨어 구하고 찾고 두드려야 할 것입니다.
어느날 사마리아 여인이 목말라 우물가에 물을 길으려 왔습니다.
이 여인이 우물가에 왔다는 것은 곧 율법을 지키는 말씀을 먹고 마시려고 온 것입니다.
이 여인은 조금 전까지만 해도 율법의 말씀을 지키던 여인이었습니다.
그런데 이 여인은 생각지 않게 기다리던 메시아 곧 그리스도를 만나 구원을 받게 되었습니다.
구원을 받았다 함? 곧 율법을 지키는 말씀을 듣고 믿는 것이 아니라 율법이 이루어지는 말씀을 듣고 믿는 것입니다.

> * **여자가 가로되 메시아 곧 그리스도라 하는 이가 오실 줄을 내가 아노니 그가 오시면 모든 것을 우리에게 고하시리다 예수께서 이르시되 네게 말하는 내가 그로라 하시니라**(요 4:25~26절).

오늘도 사마리아여인 같이 메시아가 오기를 학수 고대하고 기다리고 있습니다.

이런 영혼은 아직 잠에서 깨어나지 못한 무덤 속에 있는 자입니다.

오늘도 누가든지 우물가에 물길으려 왔다가 기다리던 메시아를 만나게 되어 귀가 열리고 눈이 떠지는 부활의 체험을 하는 자는 복 있는 자입니다.

죽은 자의 부활은 죄에서 구원 받는 일입니다.

그러므로 언제 기다리던 메시아 곧 그리스도에 대한 구원의 말씀을 듣게 될지 아무도 모르는 일입니다.

> * **그런즉 깨어 있어라 너희는 그날과 그 시를 알지 못하느니라**(마 25:13절).

그날과 그시란? 예수 그리스도로 말미암아 그리스도를 알게 되는 날입니다.

> * **빛이 어두움에 비취되 어두움이 깨닫지 못하더라**(요 1:5절).

깨어 있지 아니하면 빛이 어두움에 비춰도 구원에 말씀을 그냥 무심히 흘러 떠내 보내게 됩니다.

그리스도는 억지로나 강제로 마음 안에 들어오시지 않습니다.

다만 마음에 문을 활짝 열고 그리스도에 대한 말씀을 순종하여 받아들일 때 순간 번쩍하고 번개같이 깨닫는 자에게 임하십니다.
그리스도는 진리의 성령이기 때문에 사람의 육안으로는 볼 수 없습니다.
오직 그리스도께서 임하시면 영에 눈과 영에 귀가 열려짐으로 하나님을 볼 수 있게 됩니다.

* **모든 사람이 죄를 범하였으매 하나님의 영광에 이르지 못하더니 그리스도 예수 안에 있는 구속으로 말미암아 하나님의 은혜로 값없이 의롭다 하심을 얻은 자 되었느니라**(롬 3:23~24절).

그리스도께서 도적같이 임하시는 날에는 하늘이 큰 소리로 떠나가고 체질은 뜨거운 불에 풀어집니다.
하늘이 큰 소리로 떠나간다는 뜻? 곧 처음 하늘과 처음 땅은 없어지고 새 하늘과 새 땅이 되는 것입니다(계 21:1절)
처음하늘과 처음 땅은 옛 사람이고 새 하늘과 새 땅은 그리스도를 영접한 새 사람입니다.

* **하늘이여 귀를 기울이라 내가 말하리라 땅은 내 입의 말을 들을지어다**(신 32:1절).

또 체질이 뜨거운 불에 풀어진다는 뜻? 육신에 생각에 사로잡혀 있는 몸과 마음과 영혼이 생명의 말씀으로 영에 생각을 하는 몸과 마음과 영혼으로 바뀌지는 것입니다.
그러므로 예수 그리스도로 말미암아 도적같이 오신 그리스도를 영접한 자는 죄에서 구원받아 자유를 누리며 생명과 평안과 영광의 삶으로 영으로는 하나님처럼 살아갑니다.

그러나 오늘도 이미 도적같이 오신 그리스도를 만나지 못한 자는 죄에서 구원받지 못하고 죄에게 종 노릇하며 어두운 무덤 속에서 얼굴은 수건으로 가리고 몸은 베옷으로 동이고 살고 있습니다.
사도바울이 구원받기전 사울 때 그리스도께서 도적같이 오신 영을 체험하지 못하고 계속 저 하늘에 떠있는 구름타고 오실 주님만 기다리며 신앙생활을 그 누구보다 열심히 하며 자랑할 것도 많았던 사람이었습니다.
그러나 사울은 예수 그리스도께서 부르시는 음성을 듣고 그리스도를 영접함으로 눈과 귀가 열려 사도바울이 되었습니다.
그는 바울이 된 후에 비로소 사울 때에 자신이 하나님 앞에 얼마나 큰 죄인 중에 죄인이요 괴수였다는 사실을 알고 고백하게 되었던 것입니다.
그러므로 누구든지 메시아 곧 그리스도를 알게 될 때 비로소 참 복음이 무엇인지 거짓 복음이 무엇인지 분별하게 됩니다.
그러므로 거짓 복음을 전하면 저주를 받게 됩니다.
거짓 복음이란? 그리스도에 대하여 말하지 못하는 죽은 복음입니다. 이들은 산자의 하나님이 아니라 죽은 자의 하나님을 섬기고 있는 자입니다.
애굽을 떠나 광야에서 죽은 60만 대군과 모세는 요단강을 건너 젖과 꿀이 넘치는 하나님의 약속의 가나안 땅까지 들어가지 못하고 광야에서 모두 죽고 말았습니다.
오늘도 하나님의 백성들 중에 모세와 60만 대군과 같이 홍해를 건너 광야의 믿음으로 신앙생활 하는 사람이 있는 가하면 법궤를 앞세우고 갈 렙과 여호수아같이 요단강 건너 젖과 꿀이 흘러 넘치는 하나님의 약속의 가나안 땅까지 들어가 생명과 평안으로 주의 영광을 보며 하나님의 나라가 되어 살아가는 신령한 자들이 있습니다.

* **이는 믿음이 오기 전에 우리가 다 율법아래 매인바 되고 계시 될 믿음의 때까지 죄에 갇혔느니라**(갈 3:23절).

믿음이 오기전이라 함? 곧 예수 그리스도로 말미암아 그리스도께서 임하시기 전입니다.

하늘이 큰 소리로 떠나가기 전 하나님께서 모든 사람들을 죄 아래 가두어 놓는 이유가 있습니다.

* **그러나 성경이 모든 것을 죄 아래 가두었으니 이는 예수 그리스도를 믿음으로 말미암은 약속을 믿는 자들에게 주려 함이니라**(갈 3:22절).

약속으로 오시는 이는? 그리스도 곧 진리의 성령입니다.

그러므로 그리스도를 영접하기 전에는 하나님께서 모든 사람들을 죄 아래 가둬놓습니다.

곧 죄와 사망의 법에 가두어 놓습니다.

그러나 그리스도와 함께 하는 자는 생명과 성령의 법이 죄와 사망의 법에서 해방시켜주시며 영원히 하나님과 함께 영생복락 누리며 살게 됩니다.

그러므로 오늘 우리가 먹고 있는 영혼의 양식이 율법을 이루는 생명나무열매인지 아니면 율법을 지키는 선악과나무열매인지 분별하며 먹어야 할 것입니다.

32

두 가지의 죄

*** 그러므로 내가 너희에게 이르노니 사람의 모든 죄와 훼방은 사하심을 얻되 성령을 훼방하는 것은 사하심을 얻지 못하겠고**(마 12:31절).

첫째 : 사하심을 받는 죄

사하심을 받는 죄? 세상 살아가는 도덕적인 죄입니다.

도덕적인 죄는 아무리 큰 죄라 할지라도 회개하면 사하심을 얻고 용서함을 받습니다.

둘째 : 사하심을 받지 못하는 죄

사하심을 받지 못하는 죄? 진리의 성령을 경홀히 여기며 핍박하는 죄입니다.

곧 예수 그리스도로 말미암아 그리스도에 대한 말씀을 들을 때 받아들이지 않는 것이 핍박하는 것이요 곧 성령을 훼방하는 것입니다.

그러므로 사하심을 받지 못하는 성령훼방 죄는 구원에 주체이시며 근본이 되시는 그리스도에 대하여 영접하지 않는 것입니다.

반듯이 예수 그리스도로 말미암아 그리스도를 영접하여야 구원을 받습니다.

* **영생은 곧 유일하신 참 하나님과 그의 보내신 자 예수 그리스도를 아는 것이니라**(요 17:3절).

* **생명의 말씀에 관하여는 우리가 들은 바요 눈으로 본 바요 주목하고 우리 손으로 만진 바라**(요일 1:1절).

진리의 성령을 영접하면 듣고 보고 마음의 손으로 만질 수 있습니다.

* **예수께서 이르시되 여우도 굴이 있고 공중에 새도 거처가 있으되 오직 인자는 머리 둘 곳이 없다 하시니라** (마 8:20절).

인자는 머리 둘 곳이 없다?
인자는 예수 그리스도요 머리는 그리스도입니다.
예수 그리스도께서 그리스도에 대한 말씀을 하실 때 그 말씀을 들을 자가 없다라는 뜻입니다.
그러나 여우와 공중에 나는 새는 굴과 집이 있습니다.
여우와 공중에 나는 새는 불법을 행하는 거짓목자입니다.
그리고 굴과 집은 거짓목자가 하는 말을 듣는 사람들입니다.
성경에 기록된 하나님의 모든 말씀은 오랫동안 불에 달인 보약과 같아서 짜고 짜내면 사랑으로 이루어집니다.
세상에 살아갈 동안 사람이 해결 받아야 할 두 가지의 문제가 있습니다.
첫째 : 몸과 목숨을 위하여 의. 식. 주가 필요합니다.

둘째 : 죄에서 구원받고 의인이 되어야 할 큰 문제입니다.
몸과 목숨을 위한 의 식 주는 영원한 것이 아니라 삶을 사는 동안에 꼭 필요한 문제이지만 죄에서 구원받는 영혼에 대한 문제는 구원받고 영생을 얻는 최대의 중대한 문제입니다.
구원받고 영생을 얻어 영원히 주와 함께 살려면 3가지의 때를 거쳐야 합니다.
1 : 율법의 때
2 : 은혜의 때
3 : 진리의 때입니다.
오늘도 많은 사람들이 율법의 때와 은혜의 때까지는 돌입을 잘하는데 맨 마지막에 나타나시는 진리의 때는 진입하지 못하여 큰 구원을 받지 못하고 영생을 얻지 못하는 예가 허다합니다.
곧 애굽에서 출애굽하여 홍해를 거쳐 광야까지 오는 자들은 많으나 광야를 떠나 요단강을 건너 약속의 젖과 꿀이 넘치는 가나안 땅까지 들어가는 자들은 적다라는 것입니다.
젖과 꿀이 흐르는 약속의 가나안 땅에 들어간다는 뜻?
곧 그리스도 안으로 들어가는 길입니다.
그리스도 안으로 들어가려면 자기의 목숨을 버리는 순교를 하여야 합니다.
순교란 곧 육신에 생각을 버리고 영에 생각을 하는 것입니다.

> * **육신에 생각은 사망이요 영에 생각은 생명과 평안이니라**(롬 8:6절).
>
> * **너희가 천기는 분별할 줄 알면서 시대의 표적은 분별**

할 수 없느냐(마 16:3절중).

하늘을 보며 오늘 날씨가 어떤 것은 분별할 줄 알면서 어찌하여 자기의 영혼에 대한 때는 모르느냐고 묻습니다.

곧 율법의 때와 은혜의 때와 진리의 때를 분별하여야 합니다.

하나님의 뜻과 목적을 이루어 드리려면 반듯이 율법의 때를 거치고 은혜의 때를 거치고 마지막으로 진리의 때까지 거쳐야 거룩하고 온전하며 영광을 바라보는 하늘에 신령한 자가 될 수 있습니다.

기독교가 다른 종교와 다른 점은 죄로 말미암아 죽은 영혼을 다시 살려 하나님의 형상과 모양을 닮게 하는 일입니다.

하나님께서 우리에게 베풀어 주신 최고의 극치는 율법의 요구의 완성인 사랑으로 이루어지게 하시는 일입니다.

* **수고하고 무거운 짐 진 자들아 다 나에게로 오라 내가 너희를 쉬게 하리라 나는 마음이 온유하고 겸손하니 나의 멍에를 메고 내게 배우라 그러면 너희 마음이 쉼을 얻으리라**(마 11:28~29절).

수고하고 무거운 짐이란? 이 세상 살아갈 때 제일 무거운 짐은 영혼이 구원받지 못한 죄 짐입니다.

곧 성령을 훼방하게 되면 그의 영혼은 영원히 무거운 짐을 지고 수고하며 지옥에서 살 것입니다.

그러므로 성경에서 말씀하시는 큰 죄란 그리스도에 대하여 알지 못한 죄입니다.

* **썩을 양식을 위하여 일하지 말고 영생하도록 있는 양**

식을 위하여 하라(요 6:27절).

썩을 양식을 위하여 수고하는 목자는 선악과나무열매를 먹게 함으로 죄에서 구원을 시킬 수 없습니다.

그러나 썩지 아니할 양식을 위하여 수고하는 목자는 생명나무열매를 먹게 함으로 죄에서 구원을 시키게 됩니다.

육신에 생각이 되는 사망의 결과는 하나님과 화평을 이룰 수 없습니다.

* **하나님의 의를 모르고 자기 의를 세우려고 힘써 하나님의 의를 복종치 아니하였느니라**(롬 10:3절)

영에 생각이 되는 생명의 결과는 하나님과 화평을 누리는 생명과 평안으로 사는 사랑입니다.

* **너희는 그리스도의 것이요 그리스도는 하나님의 것이니라**(고전 3:23절).

* **영에 생각은 생명과 평안이니라**(롬 8:6절하).

할렐루야 아–멘.

33

썩을 양식과 영생할 수 있는 양식

* 썩을 양식을 위하여 일하지 말고 영생 할 수 있는 양식을 위하여 일하라 이 양식은 인자가 너희에게 주리니 인자는 하나님 아버지의 인치신 자니라(요 6:27절).
* 이기기를 다투는 자마다 모든 일에 절제하나니 저희는 썩을 면류관을 얻고자 하되 우리는 썩지 아니할 것을 얻고자 하노라(고전 9:25절).
* 이 썩을 것이 불가불 썩지 아니함을 입겠고 이 죽을 것이 죽지 아니함을 입으리로다 이 썩을 것이 썩지 아니함을 입을 때에는 사망이 이김의 삼킴 바 되리라고 기록된 말씀을 응하리라(고전 15:53~54절).
* 너희가 거듭난 것이 썩어질 씨로 된 것이 아니요 썩지 아니할 씨로 된 것이니 하나님의 살아있고 항상 있는 말씀으로 되었느니라(벧전 1:23절).

하나님의 말씀은 생명력이 있어 살아있기 때문에 성경 말씀을 내용으로만 본다면 생명력이 없을뿐더러 자기 영혼을 구원받는데 아무 유익이 없습니다.
내가 방언과 천사의 말을 할지라도 내가 예언하는 능이 있어 모든 비밀과 모든 지식을 알고 또 산을 옮길 만한 모든 믿음이 있을지라도 사랑이 없으면 내가 아무 것도 아니요 내가 내게 있는 모든 것으로 구재하고 또 내 몸을 불사르게 내어 줄지라도 사랑이 없으면 내게 아무 유익이 없느니라(고전 13:1~3절)에서 말씀하고 계십니다.
사랑이 없다는 것은 곧 썩을 양식을 먹음으로 말씀이 살아 있지 않고 죽은 말씀이기 때문에 사랑으로 이루어지지 않습니다.

*** 하나님은 죽은 자의 하나님이 아니요 산 자의 하나님 이시라**(막 12:27절).

그러나 사랑을 가지고 있다는 것은 썩지 아니할 영생할 수 있는 양식을 먹었기 때문입니다.
썩을 양식은 에덴동산 안에 있는 선악과나무열매요 썩지 아니할 양식은 생명나무열매입니다.
곧 선악과나무열매란 불법을 행하는 목자의 입에서 나오는 말씀이요 생명나무열매란 의에 법을 행하는 목자의 입에서 나오는 거룩한 말씀입니다.
불법을 행하는 목자는 율법을 지키도록 인도하고 의에 법을 행하는 목자는 율법이 이루어지도록 인도합니다.
율법은 지키는 것이 아니라 사랑으로 이루어지는 말씀입니다.

*** 내가 율법이나 선지자나 폐하러 온 줄로 생각지 말라**

폐하러 온 것이 아니요 완전케 하려 함이로라(마 5:17절).

그러므로 사랑이 없는 자라면 율법이 이루어지지 않았음으로 죽은 영혼이 구원받는 데 아무 유익이 없으며 사랑을 가지고 있는 자라면 죽었던 영혼이 다시 살아나 거듭나고 변화되고 거룩함과 온전함으로 사랑의 완성을 이룬 자입니다.

사랑의 시작은 미약하나 나중은 창대 하게 완성을 이루게 됩니다.

곧 사랑의 완성은 하나님의 형상과 모양입니다.

하나님의 형상은 내적으로 그리스도요 모양은 외적인 예수님입니다.

곧 예수 안에 그리스도께서 계신 것입니다.

예수 안에 그리스도께서 계신 목적은 십자가에 달려 죽었던 예수께서 삼일 만에 살아난 부활입니다.

* **그리스도께서 너희 안에 계시면 몸은 죄로 인하여 죽은 것이나 영은 의로 인하여 산 것이니라**(롬 8:10절).

그러므로 반듯이 예수 안에 있는 그리스도를 보아야 할 것입니다.

예수의 어머니 마리아는 삼일 만에 부활하신 아들 예수께서 옆에 있음에도 불구하고 그를 알아보지 못하고 그가 동산지기 인 줄 알고 아들을 찾았던 까닭은 예수님의 모양만 찾았을 뿐 예수님의 형상을 찾지 못한 까닭입니다. 곧 살아나신 예수 그리스도를 보지 못한 것입니다.

* **너희의 보는 것을 보는 눈이 복이 있도다 내가 너희에게 말하노니 많은 선지자와 임금이 너희 보는 바를**

보고자 하였으되 보지 못하였으며 너희 듣은 바를 듣고자 하였으되 듣지 못하였느니라(눅 10:23중~24절).

그러므로 믿음생활은 보이는 행위의 형식적인 예배가 아니라 하나님의 말씀이 실상으로 이루어짐으로 말미암아 이 세상에는 하나님의 말씀보다 더 귀한 것이 없음을 깨닫고 예수 그리스도로 말미암아 그리스도를 영접하여 자신이 그리스도화 된 것을 확증하는 증거를 가지고 있어야 합니다.

* **믿음은 바라는 것들의 실상이요 보지 못한 것들의 증거니**(히 11:1절).

하나님은 영이시니 사람의 눈으로는 그리스도를 볼 수 없으나 믿음의 눈으로는 볼 수 있음으로 그리스도에 대한 증거를 말할 수 있는 것입니다.

만약 그리스도에 대한 증거를 가지고 있지 못한 자라면 성경에 대한 아무 말씀도 할 수 없습니다.

* **입이 있어도 말하지 못하며 눈이 있어도 보지 못하며 귀가 있어도 듣지 못하며 그 입에는 아무 기식도 없나니 그것을 만든 자와 그것을 의지하는 자가 다 그와 같으리로다**(시 135:16~18절).

그러므로 믿음은 그리스도화 된 자신을 확인하며 간증하며 사는 것입니다.

찬송하는 자의 삶의 주체는 유일하신 참 하나님과 그의 보내신 자 예수 그리스도를 아는 것입니다.

하나님은 말씀입니다.

그러므로 말씀을 만났다 함은 곧 하나님을 만난 자입니다.

* **내 아버지께서 모든 것을 내게 주셨으니 아버지 외에는 아들이 누군지 아는 자가 없고 아들과 또 아들의 소원대로 계시를 받은 자 외에는 하나님 아버지가 누군지 아는 자가 없나이다 하시고 제자들을 돌아보시며 종용히 이르시되 너희의 보는 것을 보는 눈이 복이 있도다**(눅 10:22~23절).

* 곧 창세전에 그리스도 안에서 우리를 택하사 우리로 사랑 안에서 그 앞에 거룩하고 흠이 없게 하시려고 그 기쁘신 뜻대로 우리를 예정하사 예수 그리스도로 말미암아 자기 아들들이 되게 하셨으니 이는 그의 사랑하시는 자 안에서 우리에게 거저 주시는 바 그의 은혜의 영광을 찬미하게 하려는 것이라 우리가 그리스도 안에서 그의 은혜의 풍성함을 따라 그의 피로 말미암아 구속 곧 죄 사함을 받았으니 이는 그가 모든 지혜와 총명으로 우리에게 넘치게 하사 그의 비밀을 우리에게 알리셨으니 곧 기쁘심을 따라 그리스도 안에서 때가 찬 경륜을 위하여 예정하신 것이니 하늘에 있는 것이나 땅에 있는 것이 다 그리스도 안에서 통일되게 하려 하심이라 그 안에서 너희도 진리의 말씀 곧 너희의 구원의 복음을 듣고 그 안에서 또한 믿어 약속의 성령으로 인치심을 받았으니 이는 우리의 기업에 보증이 되사 그 얻으신 것을 구속하시고 그의 영광을 찬미

하게 하려 하심이라(엡 4~14절).

약속의 성령으로 오신 이는 진리의 성령 곧 다른 보혜사 곧 그리스도입니다.

그리스도는 우리 안에 스며드시는 기름입니다.

기름부음을 받으면 빛이 됩니다.

하나님께서는 그 빛이 보시기에 좋았더라 창세기1:4절에서 말씀하고 계십니다.

* **흑암에 앉은 백성이 큰 빛을 보았고 사망의 땅과 그늘에 앉은 자들에게 빛이 비취었도다 하였느니라**(마 4:16절).

* **영접하는 자 곧 그 이름을 믿는 자들에게는 하나님의 자녀가 되는 권세를 주셨으니**

* **악하고 음란한 세대가 표적을 구하나 요나의 표적밖에는 보여줄 표적이 없느니라**(마16:4절).

요나의 표적은 곧 그리스도로 말미암아 빛을 받은 것이요 또한 죽었던 영혼이 다시 살아나 부활한 것입니다.

그러므로 하나님의 뜻과 목적은 죽은 영혼을 다시 살려 하나님의 형상과 모양을 닮게 하는 것이니 그림자와 같은 허상인 보이는 표적과 기적만을 구하지 말고 영원히 함께 임마누엘 하시며 실상으로 이루어지는 부활의 표적을 구하여야 할 것입니다.

그러므로 하나님께서는 광야에 머물러 있지 말고 젖과 꿀이 흘러 넘치는 약속의 가나안 땅까지 들어가라 말씀하신 것입니다.

광야에 머물러 있는 자라면 그는 약속의 땅인 가나안 땅은 바라

보기는 하려니와 들어가지는 못한 자입니다.

그러므로 광야까지 인도하는 목자가 있고 하나님의 약속의 땅 곧 젖과 꿀이 넘치는 가나안 땅까지 인도하는 목자가 있습니다.

소경이 눈을 뜬 체험을 하였습니까?

귀먹어리가 귀가 열리는 체험을 하였습니까?

기독교는 체험의 종교입니다.

이와 같이 이루어진 체험이 없으면 죽은 믿음입니다.

죽은 믿음은 육신에 생각이요 사망입니다.

그러나 영에 생각은 살아 있는 생명과 평안입니다.

생명과 평안은 생명의 성령의 법이 죄와 사망의 법에서 해방하였음입니다.

사망의 법에서 해방되어 생명의 성령 법으로 자유하면 믿음생활로 살아가는 가치관과 방법이 달라집니다.

그러므로 헛된 속임수에 빠지지 않도록 항상 깨어 있어야 합니다.

> * **누구든지 헛된 말로 너희를 속이지 못하게 하라 이를 인하여 하나님의 진노가 불순종의 아들들에게 임하나니 그러므로 저희와 함께 참예하는 자가 되지 말라**(엡 5:6~7절).
>
> * **누가 철학과 헛된 속임수로 너희를 노략할까 조심하라 이것이 사람의 유전과 세상의 초등학문을 좇음이요 그리스도를 좇음이 아니니라**(골 2:8절).

그러므로 그리스도를 좇지 않고 사람의혈통과 유전을 좇는 자에게는 하나님께서 유혹을 저의 가운데서 역사하게 하사 거짓 것을 믿게 하심은 진리를 믿지 않고 불의를 좋아하는 모든 자로 심판을 받게 하려 하심입니다.

* 진리를 믿지 않고 불의를 좋아하는 모든 자로 심판을 받게 하려 하심이라(살후 2:12절).
* 하나님을 알되 하나님으로 영화롭게도 아니하며 감사치도 아니하며 오히려 그 생각이 허망하여지며 미련한 마음이 어두워졌나니 스스로 지혜 있다 하나 우준하게 되어 썩어지지 아니하는 하나님의 영광을 썩어질 사람과 금수와 버러지 형상의 우상으로 바꾸었느니라 그러므로 하나님께서 저희를 마음의 정욕대로 더러움에 내어 버려두사 저희 몸을 서로 욕되게 하셨으니 이는 저희가 하나님의 진리를 거짓 것으로 바꾸어 피조물을 조물주보다 더 경배하고 섬김이라 주는 곧 영원히 찬송할 이시로다. 아멘(롬 1:21~25절).
* 또 저희가 마음에 하나님 두기를 싫어하매 하나님께서 저희를 그 상실한 마음대로 내어 버려 두사 합당치 못한 일을 하게 하셨으니 곧 모든 불의, 추악, 탐욕, 악의가 가득한 자요 시기, 살인, 분쟁, 사기, 악독이 가득한 자요 수근 수근 하는 자요 비방하는 자요 하나님의 미워하는 자요 교만한 자요 악을 도모하는 자요 우매한 자요 무자비한 자라 저희가 이 같은 일을 행하는 자는 사형에 해당 하다고 하나님의 정하심을 알고도 자기들만 행할 뿐 아니라 또한 그 일을 행하는 자

를 옳다 하느니라(롬 1:28:32절).
그러므로 썩을 양식을 먹지 말고 썩지 아니할 영생 할 수 있는 양식을 먹어야 할 것입니다.
썩지 아니할 양식을 먹는 자는 곧 그리스도의 영을 받은 자입니다.
그리스도의 영을 받은 자?
1. 택하심을 받아 구원을 얻는 자입니다(엡 2:5절).
2. 지혜와 계시의 정신을 받아 하나님을 아는 자입니다(엡 1:17절).
3. 하나님의 아들이 된 자입니다(엡 1:5절).
4. 주께서 나를 아신 것같이 내가 온전히 주를 아는 자입니다(고전13:12절하).
5. 약속의 성령으로 인치심을 받은 자입니다(엡 1:13절).
6. 이미 그의 안식에 들어간 자입니다(히 4:10절).
그러나 아직도 그리스도의 영을 받지 못한 자라면 수고하고 무거운 짐을지고 사는 자입니다.
수고하고 무거운 짐을 진자란?
곧 죄에서 구원받지 못한 자 곧 그리스도에 대하여 알지 못한 사람입니다.

* **수고하고 무거운 짐진 자들아 다 내게로 오라 내가 너희를 쉬게 하리라**(마 11:28절).

수고하고 무거운 짐을 진 자들이 쉼을 얻게 되면 주님의 생명과 평안을 얻은 것입니다.

* **영에 생각은 생명과 평안이니라**(롬 8:6절).

그러므로 가인은 어떤 제사를 드렸기에 하나님께서 받지 아니하고 미워하셨으며 아벨은 어떤 제사를 드렸기에 하나님께서 그 제사를 기뻐 받으셨고 사랑하셨을까요?

> * **아벨은 양치는 자이었고 가인은 농사하는 자이었더라 세월이 지난 후에 가인은 땅의 소산으로 제물을 삼아 여호와께 드렸고 아벨은 자기도 양의 첫 새끼와 그 기름으로 드렸더니 여호와께서 아벨과 그 제물은 열납하셨으나 가인과 그 제물은 열납하지 아니하신지라** (창 4:2~5절상).

가인은 농사를 지은 자였고 아벨은 양치는 자입니다.
가인이 농사를 지었다 함은 곧 가인 자신이 땅 곧 육신에 속한 자라는 것입니다. 그러나 아벨은 양치는 목자였습니다.
양치는 자라 함은 곧 아벨은 하늘에 속한 목자입니다.
가인은 육신에 속한 눈으로 보이는 예배를 드렸고 아벨은 영에 속한 눈으로 보이는 예배를 하나님께 드렸습니다.
곧 가인은 땅에 속한 자신의 소산을 하나님께 드렸고 아벨은 영에 속한 진리의 성령 안에서 자신을 하나님께 드린 것입니다.
양의 첫 새끼는 첫 열매인 예수 그리스도이며 기름은 진리의 성령입니다.

> * **믿음으로 아벨은 가인보다 더 나은 제사를 하나님께 드림으로 의로운 자라 하시는 증거를 얻었으니 하나님이 그 예물에 대하여 증거하심이라**(히 11:4절상).

오늘도 우리들이 하나님께 드리는 제사도 마찬가지입니다.

가인과 같이 열심으로 드리지만 받지 않는 예배가 있고 아벨과 같이 드리는 예배는 기뻐 받으십니다.
곧 보이는 행위적인 육신에 속한 예배는 받지 아니하시고 보이지 않는 영에 속한 믿음의 예배는 기뻐 받으시는 하나님입니다.
육신에 속한 예배는 하나님의 의를 모르고 자기 의를 세우려고 힘써 하나님의 의를 복종치 아니하는 예배이며 영에 속한 예배는 의를 이루기 위하여 율법이 마침이 되게 하는 예배입니다.
율법은 지키는 것이 아니라 사랑으로 이루어지는 말씀입니다.
그러므로 예수 그리스도로 말미암아 그리스도를 알지 못한다면 그의 믿음은 헛된 믿음입니다.

> * **만일 죽은 자의 부활이 없으면 그리스도도 다시 살지 못하셨으리라 그리스도께서 만일 다시 살지 못하셨으면 우리의 전파하는 것도 헛것이요 또 너희 믿음도 헛것이며 또 우리가 하나님의 거짓 증인으로 발견되리니 우리가 하나님이 그리스도를 다시 살리셨다고 증거하였음이라 만일 죽은 자가 다시 사는 것이 없으면 하나님이 그리스도를 다시 살리시지 아니하셨으리라**(고전 15:13~15절).

그런즉 믿음 소망 사랑 중에 제일은 사랑이라
1 : 그리스도의 믿음을 가지면 소망이 생깁니다.
2 : 소망은 곧 그리스도화가 되는 것입니다.
3 : 그리스도화는 곧 사랑입니다.
사랑은 율법이 완성으로 이루어짐입니다.

그리스도를 영접하면 반듯이 예수 그리스도께서 당하신 고난과 환란을 당하게 되며 현재 당하는 고난과 환란은 장차 나타날 영광과 족히 비교 할 수 없음으로 넉넉히 세상을 이길 수 있는 것입니다.

이길 수 있는 세상이란?

곧 자기 마음 안에 있는 육신에 생각들입니다.

* **육신에 생각은 사망이요**(롬 8:6절).

* **내가 땅의 일을 말하여도 너희가 믿지 아니하거든 하물며 하늘 일을 말하면 어떻게 믿겠느냐**(요 3:12절).

땅에 일? 곧 모세지도자가 애굽에서 시작하여 광야에 올 때까지 나타났던 기적과 표적의 일들입니다.

하늘의 일? 십자가에 달려 죽었던 예수께서 삼일 만에 다시 살아나 예수 그리스도로 오셔서 죽은 영혼들을 살리는 부활의 표적의 일입니다.

* **육으로 난 것은 육이요 영으로 난 것은 영이니**(요 3:6절).

곧 육신에 생각으로 된 사람은 육신에 속한 말을 하고 영에 생각으로 된 사람은 영에 속한 말을 함으로써 분별할 수 있습니다.

* **육신애 생각은 사망이요 영에 생각은 생명과 평안이니라 육신에 생각은 하나님과 원수가 되나니**(롬 8:6~7절상).

* **육신에 있는 자들은 하나님을 기쁘시게 할 수 없느니라**(롬 8:8절).

귀 있는 자들은 성령이 교회들에게 하시는 말씀을 들을지니라.

구원의 잔을 들고
(영혼의 양식)

인쇄일 2018년 8월 1일
발행일 2018년 8월 1일

지은이 송순자
발행인 김화인
펴낸곳 도서출판 조은
편집인 김진순
주소 서울시 중구 인현동1가 19-2 대성빌딩 405호
전화 (02)2273-2408
팩스 (02)2272-1391
출판등록 1995년 7월 5일 등록번호 제2-1999호
ISBN 979-11-88146-26-0
정가 15,000원